现代财务管理转型与智能化建设研究

张 旭 ◎著

中国书籍出版社
China Book Press

图书在版编目(CIP)数据

现代财务管理转型与智能化建设研究 / 张旭著. -- 北京：中国书籍出版社, 2024.5
　　ISBN 978-7-5068-9884-3

　　Ⅰ.①现… Ⅱ.①张… Ⅲ.①财务管理—研究 Ⅳ.①F275

中国国家版本馆CIP数据核字（2024）第101126号

现代财务管理转型与智能化建设研究

张　旭　著

丛书策划	谭　鹏　武　斌
责任编辑	李　新
责任印制	孙马飞　马　芝
封面设计	博健文化
出版发行	中国书籍出版社
地　　址	北京市丰台区三路居路97号（邮编：100073）
电　　话	（010）52257143（总编室）　（010）52257140（发行部）
电子邮箱	eo@chinabp.com.cn
经　　销	全国新华书店
印　　厂	三河市德贤弘印务有限公司
开　　本	710毫米×1000毫米　1/16
字　　数	205千字
印　　张	12.5
版　　次	2025年1月第1版
印　　次	2025年1月第1次印刷
书　　号	ISBN 978-7-5068-9884-3
定　　价	82.00元

版权所有　翻印必究

目 录

第一章　现代财务管理概述　　1
第一节　财务管理的概念　　2
第二节　财务管理的目标　　34
第三节　财务管理的内容　　39
第四节　财务管理的环境分析　　42

第二章　财务管理转型的理论基础与方向　　67
第一节　财务管理转型的概念与动因　　68
第二节　财务转型基础管理　　70
第三节　财务管理的方向　　73

第三章　财务管理转型的技术支持　　75
第一节　RPA技术助力财务自动化　　76
第二节　云计算技术助力财务信息化　　80
第三节　区块链技术助力财务共享机制建设　　89
第四节　AI技术赋能财务智能化　　93

第四章　财务共享服务引领财务转型　　97
第一节　财务共享的基本内涵与必要性　　98
第二节　财务共享服务的业务规范　　111

　　　　第三节　财务共享服务中心的运营与优化　　　　117
　　　　第四节　财务共享推动财务转型的路径与对策　　126

第五章　财务会计向管理会计转型　　131
　　　　第一节　财务会计与管理会计概述　　　　　　132
　　　　第二节　管理会计的形成与发展　　　　　　　　135
　　　　第三节　管理会计的业务系统构建　　　　　　　144
　　　　第四节　管理会计转型与信息化建设　　　　　　147

第六章　财务智能化建设　　157
　　　　第一节　财务转型进入智能化时代　　　　　　　158
　　　　第二节　智能财务的理论基础　　　　　　　　　169
　　　　第三节　智能时代财务的组织与模式的变革　　　173
　　　　第四节　智能财务的整体建设思路与方案　　　　184

参考文献　　191

第一章　现代财务管理概述

随着人类的发展与进步以及公共财产的减少，人们开始渴望能够拥有个人财产，这种私有财产观念的出现也是财务的早期萌芽。后来，财务成为商品货币的产物，伴随商品货币产生并伴随市场经济发展开来。与中国对财务展开研究的时间相比，西方经济学在更早之前便开始了对财务的独立研究，并且财务在实际工作中拥有了独立完整的功能。随着我国社会主义市场经济体制的深入发展，作为解决现实生活中出现的财务问题的学科——财务管理越来越受到人们的重视，吸引了我国理论界和实务界的大批学者对其相关的理论与实务进行深入分析与研究。

第一节 财务管理的概念

一、财务管理的基本概念

企业财务实际上就是企业的财务活动及财务关系的总称，具体如图1-1所示。

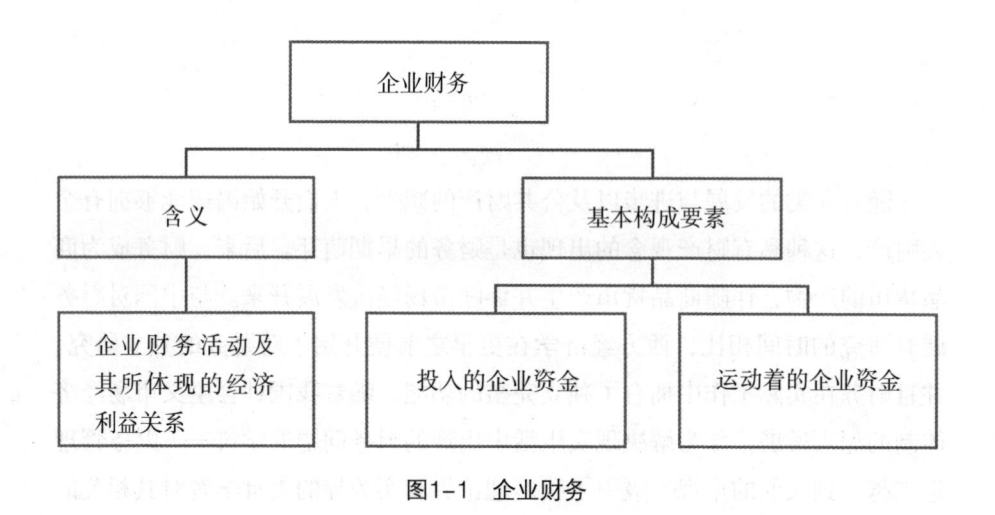

```
                    企业财务
                   /        \
                含义        基本构成要素
                 |          /        \
         企业财务活动及   投入的企业资金   运动着的企业资金
         其所体现的经济
           利益关系
```

图1-1 企业财务

财务管理的本质就是对企业中与经济相关的内容进行管理，比如处理好企业内部各成员间的财务关系，维护好企业外部各相关方之间的财务关系以及组织好企业的各种财务活动。很明显，财务管理产生的基础包括两个方面：一方面是企业的财务活动；另一方面是企业的财务关系，而这两方面也都是在企业生产过程中客观存在着的。

（一）财务活动

企业再生产的过程，也是企业的资金形态循环变化的过程。企业的一部

第一章　现代财务管理概述

分资产（图1-2）由现金形态变为非现金资产，再随着企业再生产过程的不断进行，企业的非现金资产又变为现金。企业再生产过程不停，企业资金便一直处于这种循环运动之中，周而复始，不断循环，形成资金运动。从企业生产与经营的全部过程来讲，资金运动一共包括四个方面的经济内容，具体如图1-3所示。

图1-2　财务货币

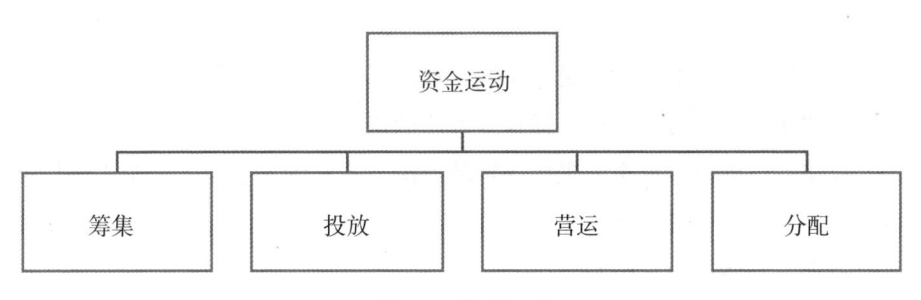

图1-3　资金运动

1. 筹资活动

筹资活动，简单来理解就是企业为了满足其在某一段时期内的资金投放与资金周转的需求而通过各种筹措渠道、运用各种筹资方式来集中资金的过程。

在企业筹资过程中，有几点需要确定和注意的地方，具体如图1-4所示。

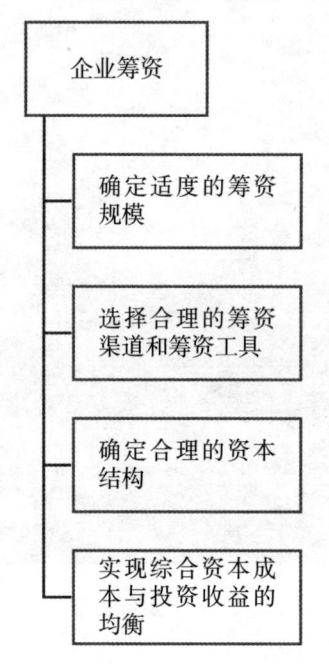

```
企业筹资
├── 确定适度的筹资规模
├── 选择合理的筹资渠道和筹资工具
├── 确定合理的资本结构
└── 实现综合资本成本与投资收益的均衡
```

图1-4　企业筹资需要注意的方面

企业筹资采取的方式与渠道不同，从而形成的资金来源的性质也是不同的，大体来说可以分为两种，即权益性质的资金与负债性质的资金。

权益性质的资金即企业采用一定的筹措方式从国家、法人、个人等投资者手中筹得资金，之后形成自有资金（图1-5）。权益性质的资金的筹措方式有多种，具体如图1-6所示。

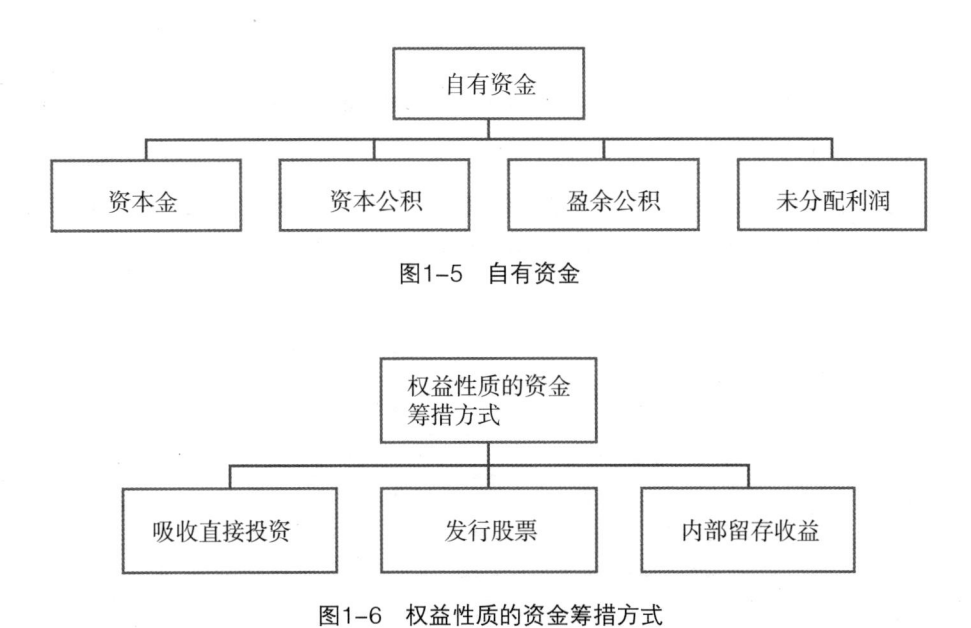

第一章　现代财务管理概述

图1-5　自有资金

图1-6　权益性质的资金筹措方式

负债性质的资金即企业运用一定的筹措方式从金融机构、其他企业、个人等债权人处筹得从而形成借入资金（图1-7）。负债性质的资金的筹措方式有多种，具体如图1-8所示。

图1-7　借入资金

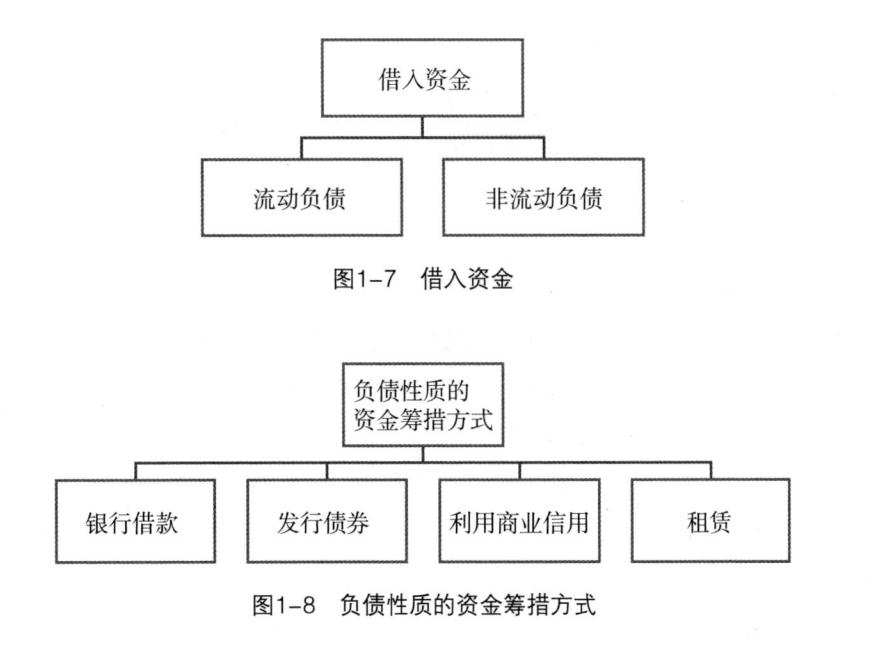

图1-8　负债性质的资金筹措方式

2. 投资活动

投资活动即企业将筹集到的资金投入到企业的日常生产经营活动当中或是投入到某些特定的项目之中,以维持日常生产经营活动的正常进行或是项目的正常运转,从而取得一定的投资收益。当然,根据企业投资的方向不同,企业投资可以分为两种,即对内投资(图1-9)与对外投资(图1-10)。

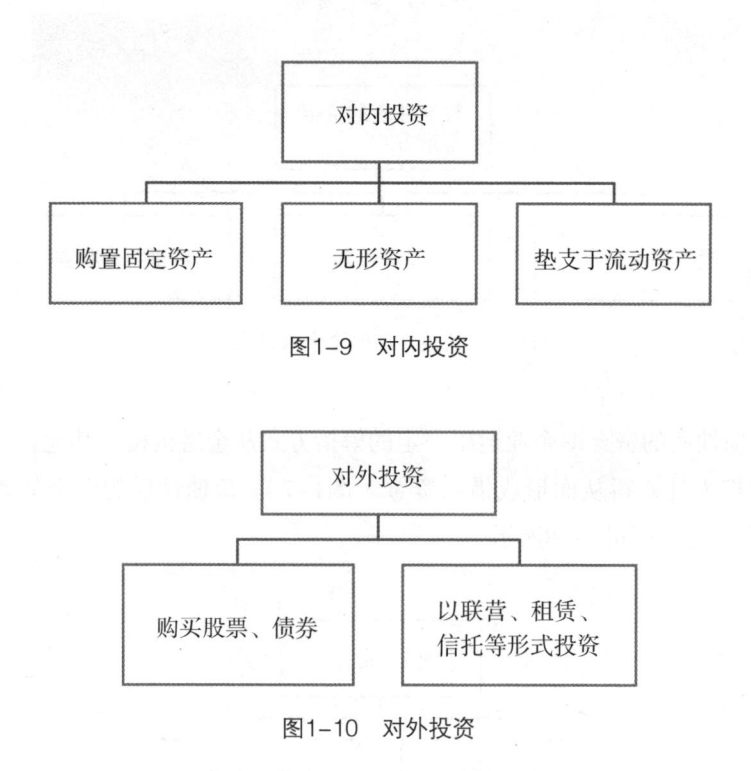

图1-9 对内投资

图1-10 对外投资

企业无论是购买内部所需的固定资产、流动资产、无形资产等,还是从外部购买各种股票、债券等,都需要支付一定的资金,具体表现即为企业资金的流出;当企业将购置的各种内部资产进行变卖或是将对外投资的资金进行回收,企业会得到一部分资金,具体表现即为企业资金的流入。以上由于企业的各种投资活动而产生的资金流动情况即为资金投放引起的投资活动。企业通过投资活动可以形成多种形式的资产,并且可以从一定程度上改变企业的资产结构现状。我们这里所讲的资产结构,指的是企业流动资产构成与非流动资产构成之间的比例关系。

第一章　现代财务管理概述

需要注意的是，企业投资活动（图1-11、图1-12）并不是盲目进行的。为了实现提高投资效益的目的，尽量降低或规避投资的风险，企业再投资时，务必要考虑清楚投资规模，选择合法的投资方式、投资渠道与合理的投资方向。

图1-11　企业投资（1）

图1-12　企业投资（2）

3. 营运活动

随着企业生产经营活动的正常进行，毫无疑问会发生一系列的资金收入与资金支出现象。首先，为了正常进行生产或销售活动，企业需要支付一部分资金用来购买原材料或是商品，同时还要支付一部分工资以及其他的相关费用。之后，企业会售出自己生产出来的产品，获得一部分资金收入。此外，如果企业现有的资金无法满足企业正常的生产经营需要，那么企业还需要进行资金筹集，比如短期借贷等。

以上所述都会涉及资金的流入及流出，这便是基于企业日常生产经营的正常运行而产生的资金营运活动。

4. 利润分配活动

将企业生产的产品或购买的商品成功售出后获得的收入，支付掉各种成本、费用，再扣除掉各种税金之后，即为企业利润，这也是企业分配的利润的基本来源。企业利润分配的结果和企业利润未分配的结果都会在净资产中留存收益的各个项目上得到反映，并且成为企业新的资金来源之一。

确定如何进行企业利润分配也是非常重要的，因为无论是将资金留在企业内部还是将资金退出企业，都会对企业资金运动的结构或是企业资金运动的规模产生影响，甚至还可能会影响到企业的长期发展战略，所以，在进行企业利润分配时务必要采取恰当的分配方式与合理的分配规模。

（二）财务关系

企业不管是进行投资、筹资等活动，还是进行营运、利润分配等活动，都会或多或少地与企业各相关方面在经济利益上产生关系，这些关系可以统称为财务关系。企业的各种财务关系一定要妥善处理，只有这样，财务活动才能有序进行下去。

企业的财务关系大体涉及八个方面，具体如图1-13所示。

第一章　现代财务管理概述

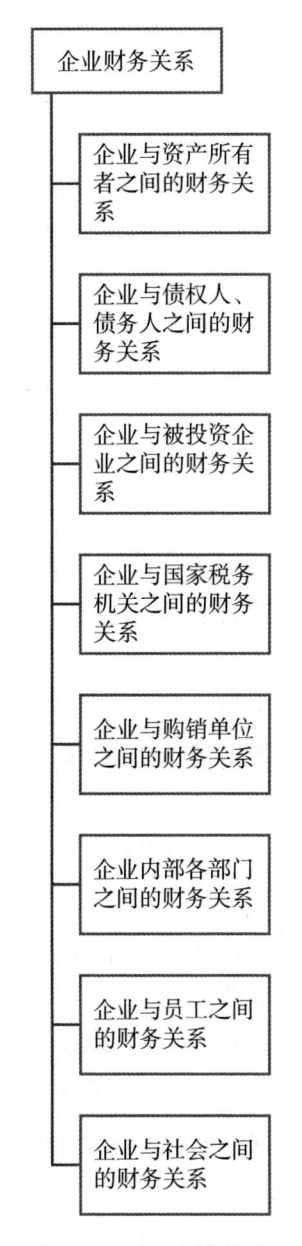

```
企业财务关系
├── 企业与资产所有者之间的财务关系
├── 企业与债权人、债务人之间的财务关系
├── 企业与被投资企业之间的财务关系
├── 企业与国家税务机关之间的财务关系
├── 企业与购销单位之间的财务关系
├── 企业内部各部门之间的财务关系
├── 企业与员工之间的财务关系
└── 企业与社会之间的财务关系
```

图1-13　企业财务关系

1. 企业方与资产所有者方产生的财务关系

企业与资产所有者之间的关系可以简单理解为"投资—报酬"关系。资

产所有者对企业履行出资的义务，向企业投入一定数量的资金，并相应获得控制与分配的权利。获得投资的企业则需要向投资者履行财产增值、保值的义务，即向投资者支付一定的报酬。

为了保障各关系成员的权利，所有财务关系的产生、运行和处理，都需要以具有法律效力的文件为保证，如合同、协议以及章程等。

2. 企业方与债权人方、债务人方产生的财务关系

企业为了更好地节省资金，发挥财务的杠杆效应，往往会采用引入资本或借入资本的方式，企业同债权人之间的债务与债权关系也就顺势产生。企业的债权人有多种，具体如图1-14所示。

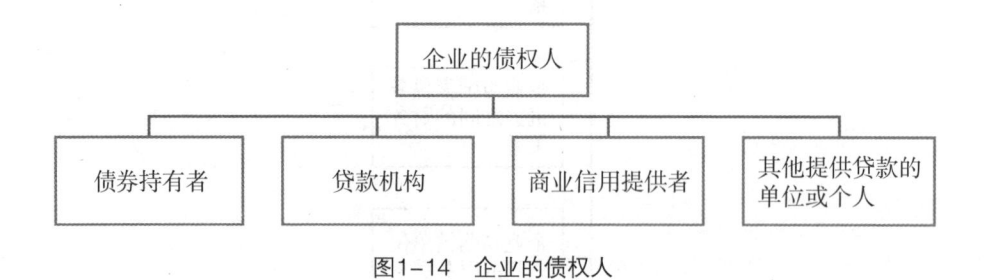

图1-14 企业的债权人

企业除了引入或借入资本，也可以相反地去借出资金、从其他企业购买债券或提供商业信用等，这样便与其他企业产生了财务关系，不过，在这个时候，企业自己就成了债权人，对方便成了债务人。企业有权按照合同的规定按时收回本金以及取得相应的利息。

综上我们可以知道，企业既可以作为债权债务关系中的债权人，也可以作为债权债务关系里的债务人，不过，无论处于财务关系中的哪一方，都要积极正确地行使权力、履行义务，妥善处理各种财务关系。

3. 企业方与被投资企业方产生的财务关系

企业在正常的生产经营过程中有时候会有一些闲置资金产生，为了避免资金的闲置，使企业创造更多的收益，企业往往会以直接投资的形式或者是采用购买股票的形式去投资其他企业，这样便使该企业与被投资企业产生了所有权性质的投资与受资这样的财务关系。这种财务关系一旦形成，出资企业与被投资企业就要开始履行各自相应的权利及义务，比如投资企业需要履

第一章　现代财务管理概述

行的义务为按时出资，取得的权利为参与被投资企业的利润分配。这种财务关系在我国当前的生活中越来越常见，具体如图1-15所示。

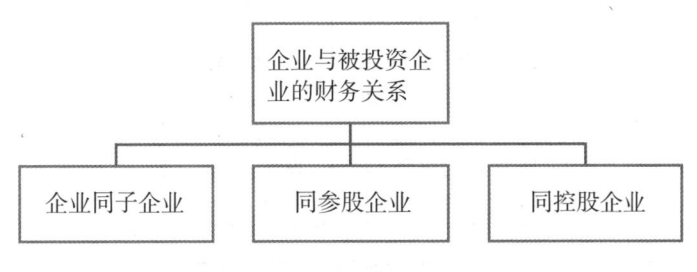

图1-15　企业与被投资企业的财务关系

4.企业方与国家税务机关方产生的财务关系

国家具有管理社会公共事务的职能，国家在履行该项职能的时候不可避免会涉及资金的支出。因此，国家只有有一定的收入来源才能使该项职能持续、顺利地履行下去。那么，国家有哪些经济来源呢？毫无疑问，税收就是国家财政收入最重要的一项。国家行政权力机关强制各社会成员缴纳税务，靠国家强制力保证实施。国家税收机关便是行使征收税务的权力机关。企业作为社会中的财富创造者，有义务按要求向国家缴纳税务。

5.企业方与购销单位方产生的财务关系

随着企业生产经营活动的正常进行，自然而然会与购销单位之间产生财务关系。企业向供应商购买材料（原材料、辅助材料）和向客户销售产品各采用两种方式，具体如图1-16和图1-17所示。

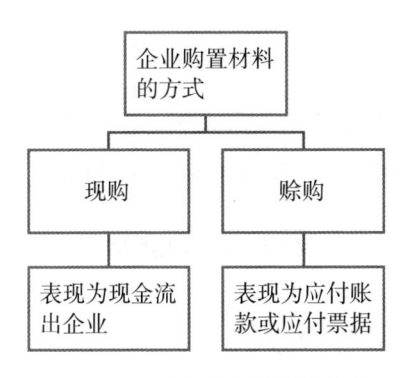

图1-16　企业购置材料的方式

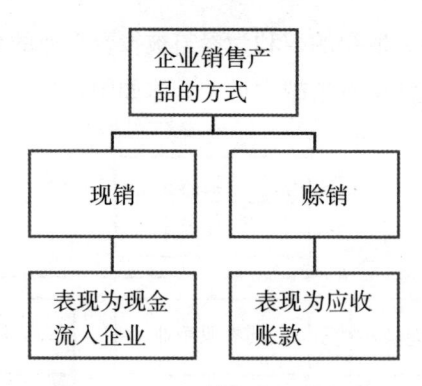

```
            企业销售产品
              的方式
           ┌────┴────┐
          现销       赊销
           │          │
         表现为现金  表现为应收
         流入企业    账款
```

图1-17　企业销售产品的方式

6.企业内部各部门之间的财务关系

企业内部的每个部门都可以看作是一个经济组织,它们之间是相对独立的。在企业经营过程中,各部门之间会相互提供技术支持、产品支持、劳务支持等,当然这些并不是免费提供的,所以会涉及资金结算问题。由以上分析可知,企业内部各部门之间的财务关系主要就是利益分配关系。

7.企业与员工之间的财务关系

不管是哪种类型的企业,只要想经营下去,那就离不开员工。可以说,员工是企业生产经营活动的重要条件之一。员工包括多种类型,具体如图1-18所示。员工在工作过程中会相应地消耗体力或脑力,因此,企业需要按照劳务合同给员工支付工资、津贴、奖金及社会保障金等。很明显,企业与员工之间的财务关系就是劳动成果按劳分配的关系。

```
              员工类型
       ┌─────────┼─────────┐
    组织管理员工  技术员工  生产营销员工
```

图1-18　员工类型

8.企业与社会之间的财务关系

我国自从实行高排放、高消耗、高污染的粗放型发展模式以来,在经济

第一章　现代财务管理概述

发展迅猛的同时也带来了一系列不好的影响，例如有毒有害等气体从工厂大量排放出来（图1-19至图1-23），对空气污染严重，也影响了人们的身体健康，对我们赖以生存的环境产生了威胁。企业作为社会生活中的成员，理应承担起社会责任，不仅要坚决杜绝排放有害气体与有毒的化学物质等危害生态环境的行为，还要积极履行保护环境的社会义务，使企业的发展目标与社会的发展目标相协调。

图1-19　浓烟从厂房中弥漫出来

图1-20　燃煤发电厂城市污染

图1-21 排放的有毒烟雾污染了空气

图1-22 工厂化学污染

图1-23 重金属和化学物质的水污染

二、财务管理的原则

财务管理原则是人们在实际的财务管理工作中总结出来的行为准则，也是财务工作的内在要求，它们经过了实践的检验，是正确的行为规范。企业财务管理的原则如图1-24所示。

图1-24　财务管理原则

（一）货币时间价值原则

从经济学的角度来讲，就算是在没有风险和通货膨胀的条件下，一定数量货币资金在不同的时间点其价值也是不相同的。

在财务管理实践当中货币时间价值原则得到了广泛的应用，那么，到底有哪些应用呢？具体如图1-25所示。

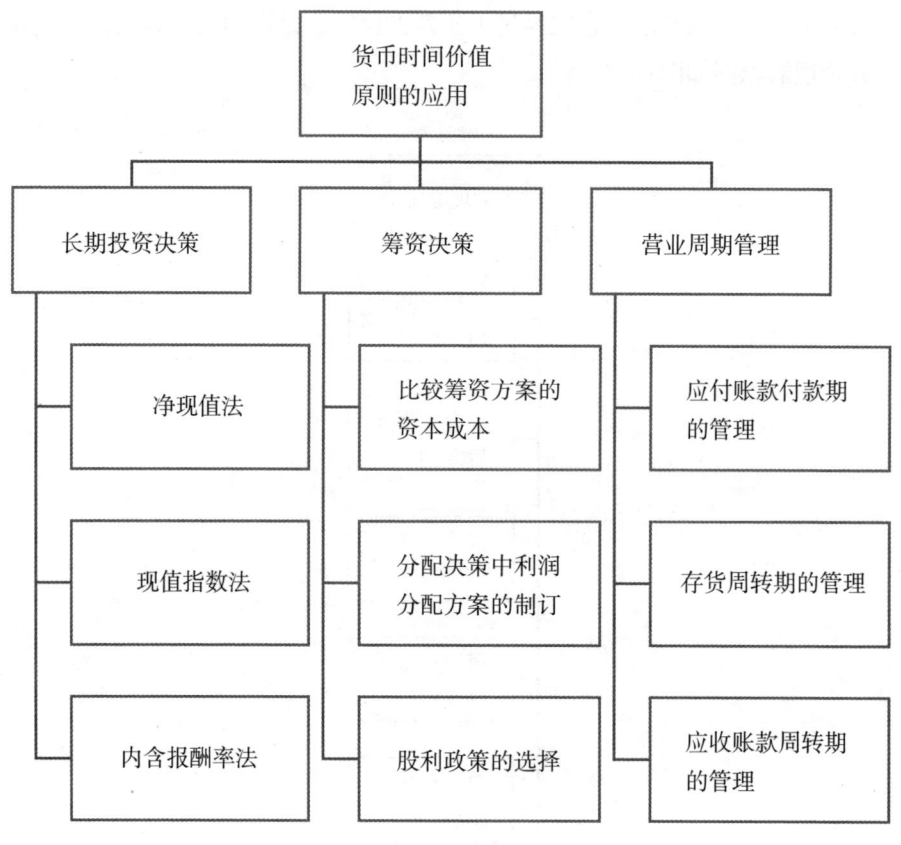

图1-25 货币时间价值原则的应用

（二）资金合理配置原则

每个正常生产经营的企业都会拥有一定数量的资金，这是企业存在的前提。每个企业的资金都是有限的，所以，想要企业很好地发展下去，就要充分、合理、有效地利用资金，对企业资金进行有效配置，使企业整体经济效

第一章 现代财务管理概述

益最大化。

从不同的角度看企业资金的配置有不同的结构，比如，从筹资的角度看，企业资金的配置表现为资本结构（图1-26）；从投资或资金的使用角度看，企业的资金则表现为各种形态的资产（图1-27）。

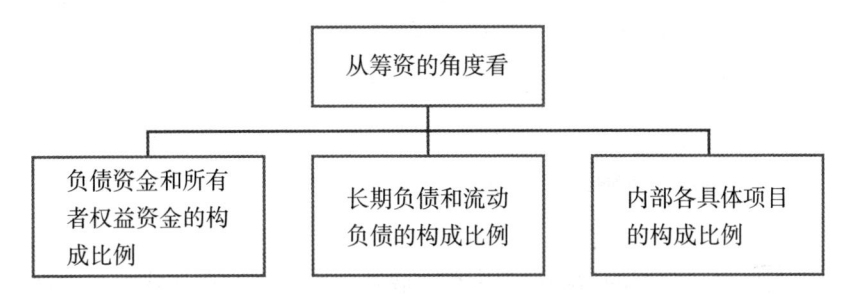

图1-26 从筹资的角度看企业资金配置

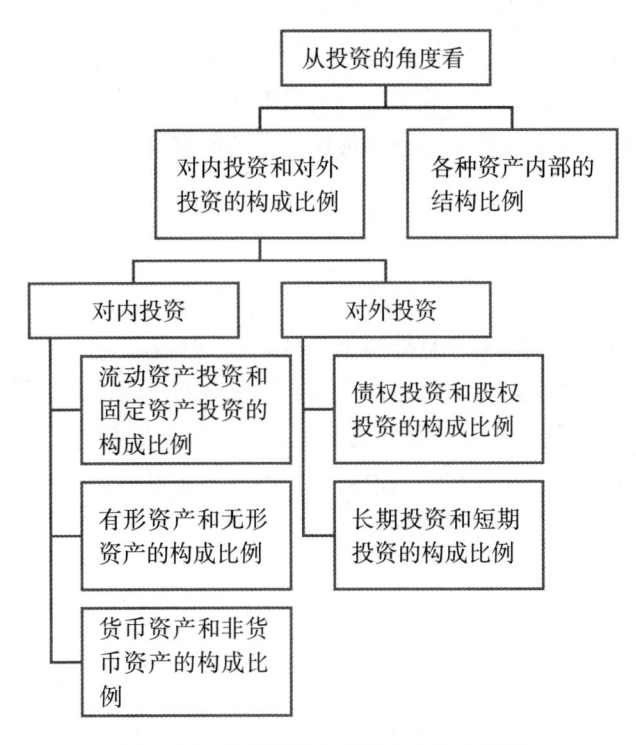

图1-27 从投资的角度看企业资金配置

（三）成本—效益原则

成本—效益原则指的是企业要努力使生产经营活动中获得的收益大于花费的成本，比如，企业在进行筹资活动时，要努力使取得的投资利润大于投入的资本成本，企业在进行投资活动时，要努力使现金流入大于现金流出，企业在进行生产经营活动时，要努力使生产经营收入大于生产经营成本。

总之，要产生"净增效益"。

（四）风险—报酬均衡原则

企业想要在激烈的市场竞争中获得收益，就不可避免地要面对风险。风险—报酬均衡原则指的是企业的决策者在进行财务决策之前，要科学地对报酬与财务风险做出权衡，尽量做到趋利避害。任何投资都是存在一定风险的，所以在进行投资前一定要考虑到各种可能的因素并进行认真分析。不过，报酬与风险往往是呈正相关的，高报酬往往伴随着高风险，低报酬往往伴随着低风险，这时候就看投资者或决策者的偏好了。

（五）收支积极平衡原则

收支平衡是对企业财务管理的基本要求。如果企业资金过少，不仅可能会错过好的投资机会，长期这样甚至会影响正常的经营活动，甚至走向破产的道路。当然，企业的闲置资金也不是越多越好，因为企业的闲置资金太多，对于公司来讲是一种损失与浪费。所以，企业资金总供给和总需求动态平衡是比较理想的，要合理调度资金。

（六）利益关系协调原则

企业是由各种利益集团（图1-28）组成的经济联合体，因此，企业要想发展，就势必要与各个利益相关方协调、维护好关系。

图1-28 各经济利益集团

三、财务管理的职能

财务管理的职能是指财务管理的职责（图1-29）和功能（图1-30）。

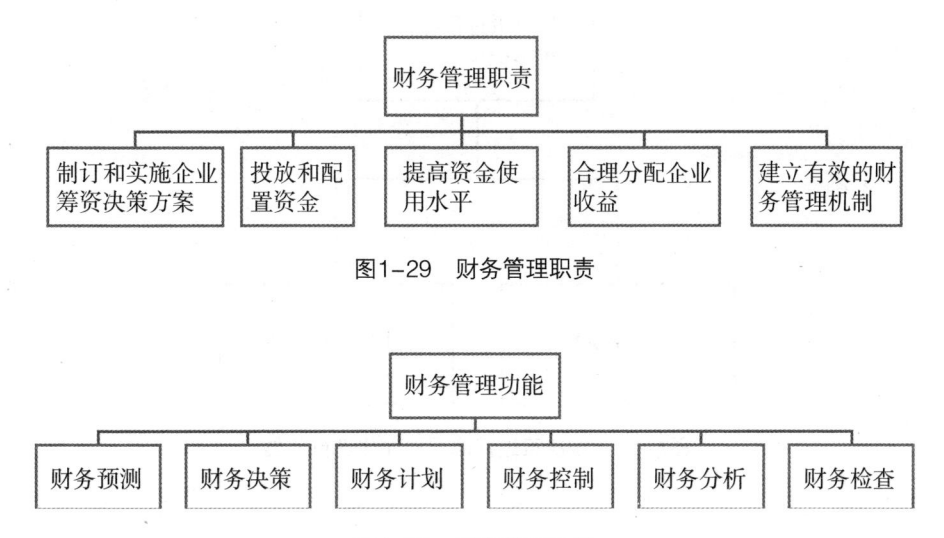

图1-29 财务管理职责

图1-30 财务管理功能

（一）财务预测

财务预测是财务管理工作中的重要一环。财务预测就是在掌握大量的相关信息或者相关资料的基础上，将各种影响因素考虑在内，然后运用科学的财务预测方法及手段对企业的各种生产经营方案进行测算，为决策者提供参考，帮助选出经济效益最高的方案，从而实现公司经济效益最大化的目标。此外，财务预测还能够对企业未来的财务状况进行预测，合理安排公司收支，使企业的整体管理水平得到提升。

（二）财务决策

为了一个财务活动往往会策划出多个可供选择的方案，而财务决策指的便是对这些方案经过科学的分析之后，选出最理想的方案的过程。财务决策一般由筹资决策和投资决策两部分组成。

财务决策是企业决策的一部分。企业决策从不同的角度看有不同的分类方式，具体如图1-31至图1-33所示。

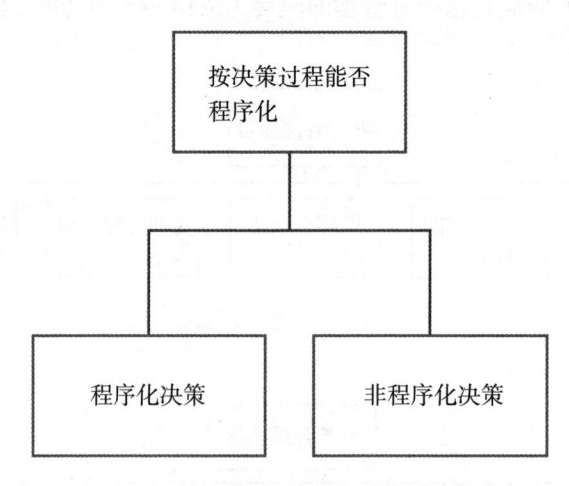

图1-31 按决策过程能否程序化进行分类

第一章　现代财务管理概述

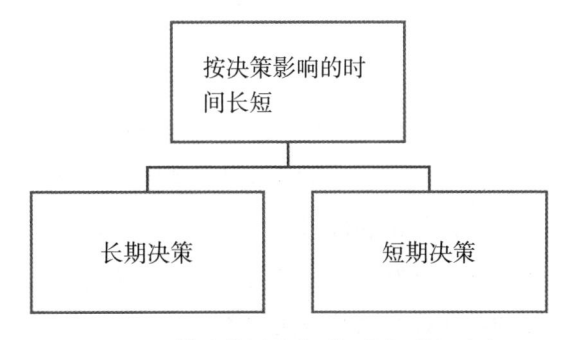

图1-32　按决策影响的时间长短进行分类

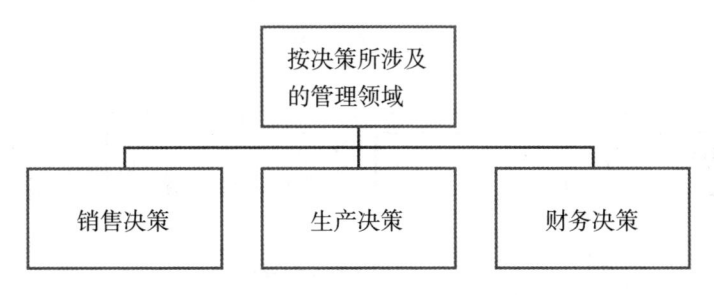

图1-33　按决策所涉及的管理领域进行分类

（三）财务计划

财务计划主要是提前解决以下几个问题，即：做什么、谁去做、怎样做、何时做。我们可以将财务计划通俗理解为具体化的财务决策，也可以说是以货币形式表现的生产经营计划。根据内容可以将财务计划分为多个种类，具体如图1-34所示。

图1-34　财务计划分类

（四）财务控制

财务控制就是对企业的各项财务活动进行指导与约束，将财务活动的实际成果与财务预算两者进行对比，找出两者之间的差异之处，并查明原因，及时采取相应的措施进行纠正的过程。

财务控制需要建立在良好的责任制度、信息反馈制度及考核奖惩制度的基础上。财务控制的具体程序以及方法如图1-35、图1-36所示。

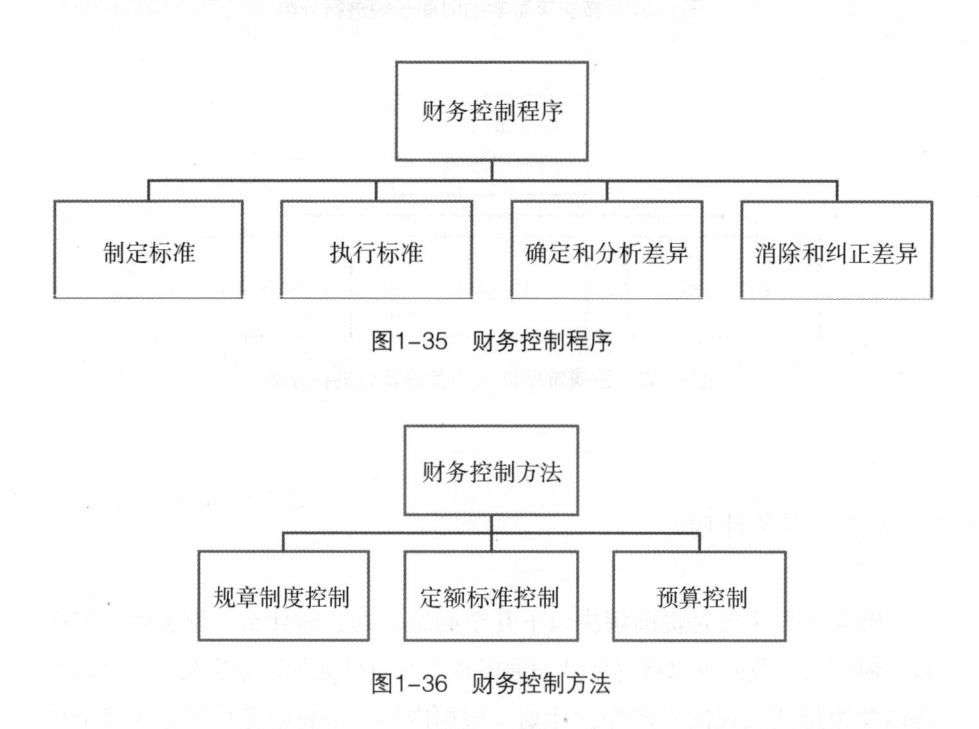

图1-35 财务控制程序

图1-36 财务控制方法

（五）财务分析

财务分析是指通过分析企业的财务报表以及其他相关的资料（图1-37至图1-43），去了解企业过去的财务状况以及财务成果，分析企业的财务现状以及企业未来的发展趋势，挖掘企业潜力，总结其中的不足，并提出相应的改进措施。

第一章　现代财务管理概述

图1-37　财务资料（1）

图1-38　财务资料（2）

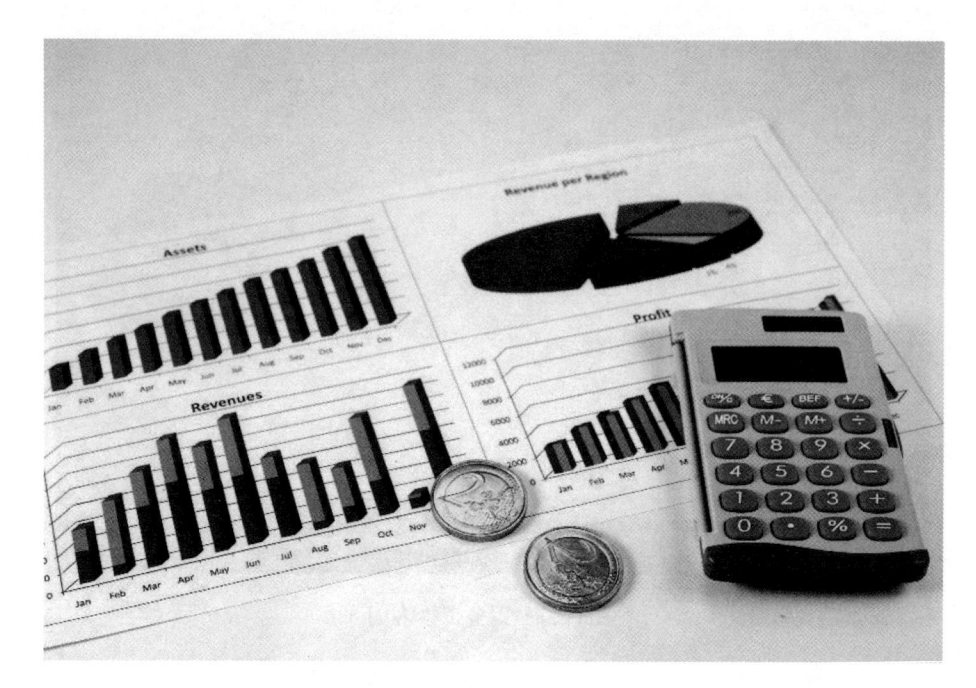

图1-39　财务资料（3）

图1-40　财务资料（4）

第一章　现代财务管理概述

图1-41　财务资料（5）

图1-42　财务资料（6）

图1-43 财务资料（7）

（六）财务检查

财务检查是指国家相关部门和企业内部财务、审计等有关部门对企业财务活动进行检查的过程，检查的过程中要严格遵守国家财经法规制度以及企业财务制度等，检查的内容包括企业财务活动的合理性、合法性、正确性、有效性。

财务检查分为内部检查和外部检查两类，具体如图1-44所示。

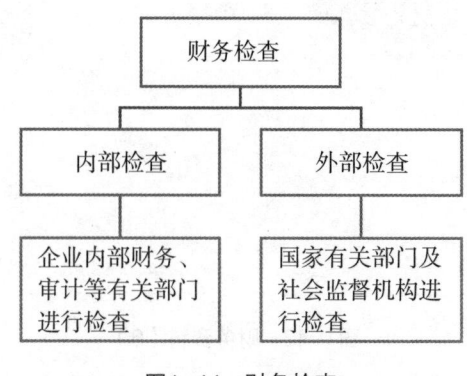

图1-44 财务检查

四、财务管理方法

财务管理方法是财务活动执行和完成目标的手段。财务管理的方法有许多，可按多种标准进行分类，具体如图1-45至图1-47所示。

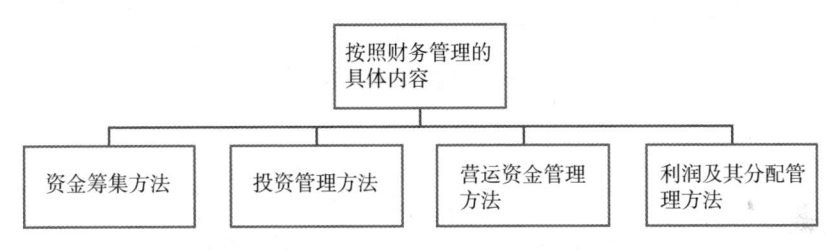

图1-45 按照财务管理的具体内容分类

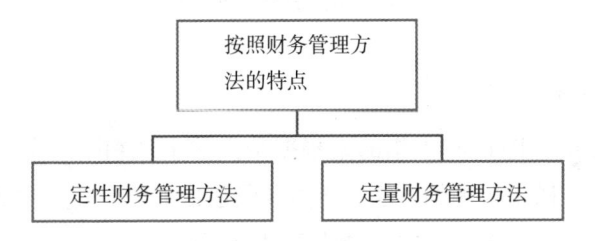

图1-46 按照财务管理方法的特点分类

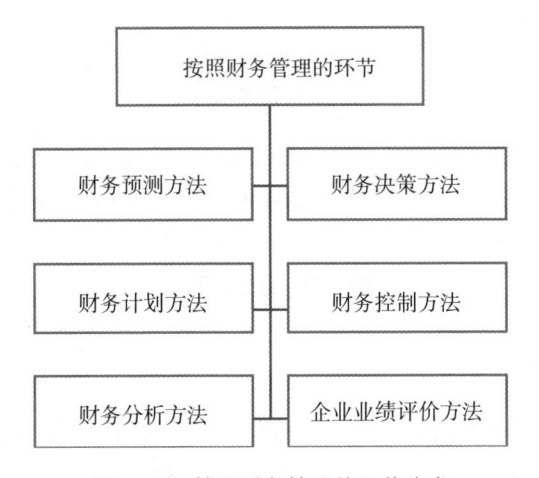

图1-47 按照财务管理的环节分类

下面以财务管理环节为标准对财务管理的常用方法进行说明。

（一）财务预测方法

财务管理中常用的财务预测方法主要有两种，如图1-48所示。

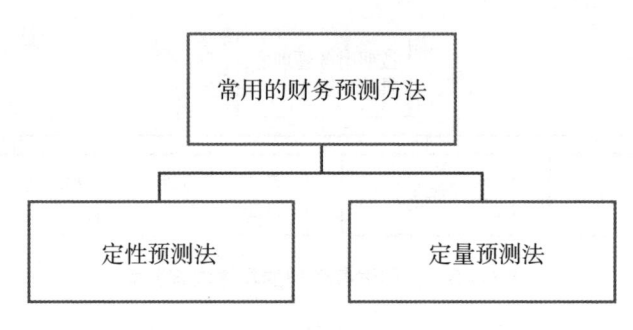

图1-48　常用的财务预测方法

1. 定性预测法

定性预测法（图1-49）指的是根据个人的主观判断对企业未来的财务状况与发展趋势做出预测的方法。定性预测法依据的是比较主观的材料以及综合分析能力。通常企业在缺乏准确资料的时候或是材料不够完备、不够充分的条件下会采用这种方法。

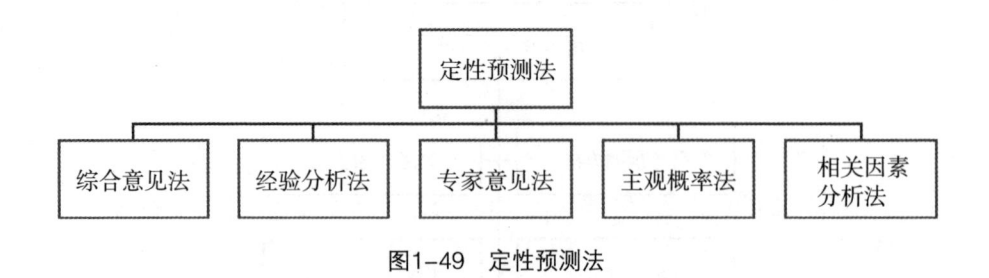

图1-49　定性预测法

2. 定量预测方法

定量预测法是根据变量之间存在的数量关系，建立数学模型来进行预测的方法。定量预测法可分为趋势预测法和因果预测法，具体还可以细分，具体如图1-50所示。

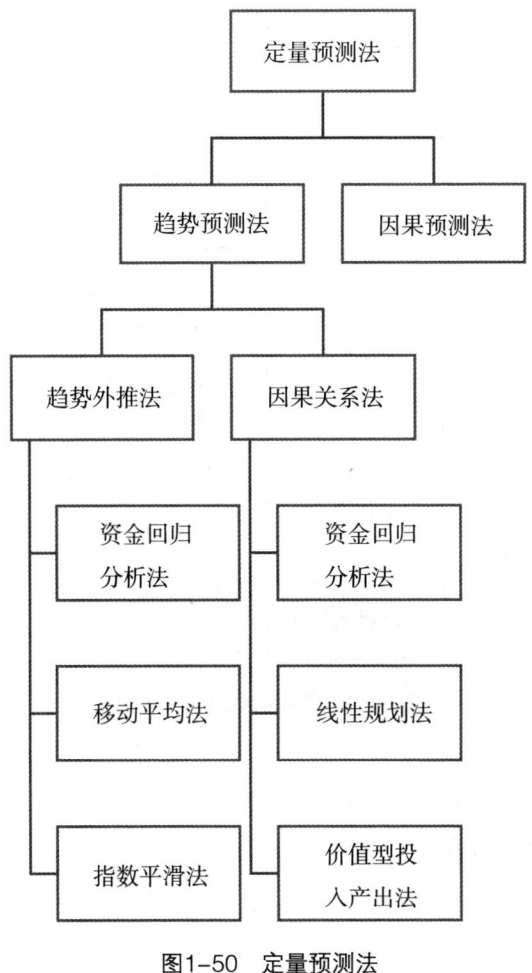

图1-50 定量预测法

（二）财务决策方法

常见的财务决策方法有定性与定量之分，定性方法与定量方法也有细分，具体如图1-51所示。

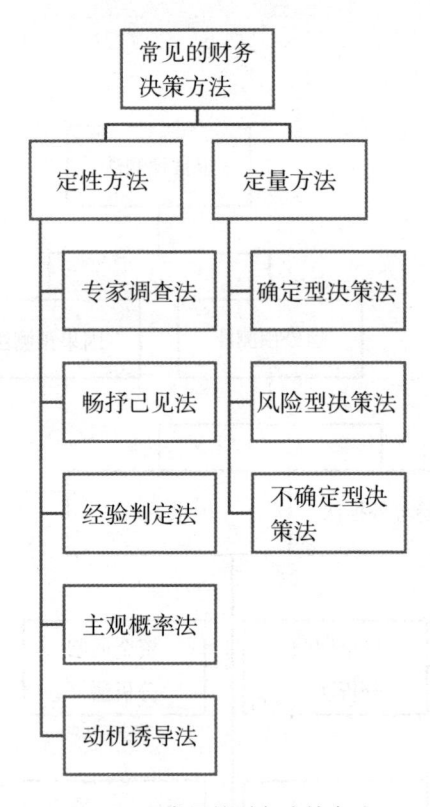

图1-51 常见的财务决策方法

确定型决策（图1-52）指的是决策者在对企业未来的发展情况完全确定的条件下做出的决策。

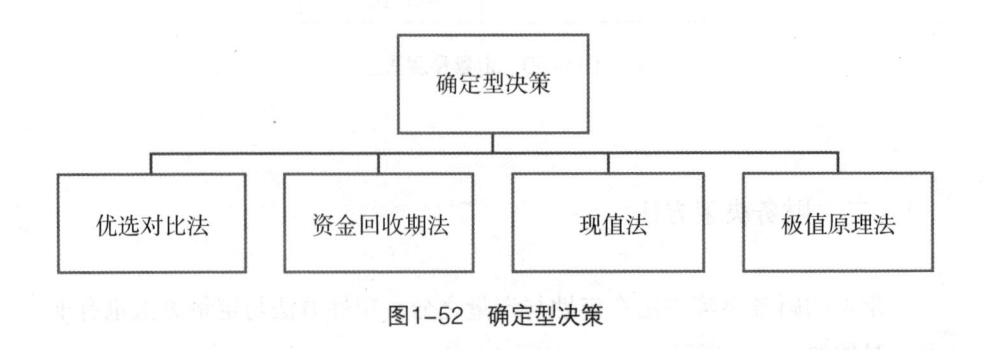

图1-52 确定型决策

风险型决策（图1-53）指的是决策者在对企业未来的发展情况并不能

完全确定，但对未来出现的情况可以估计的条件下做出的决策。

图1-53　风险型决策

不确定型决策（图1-54）指的是决策者在对未来的情况不能完全确定，而且对其可能出现的概率也不清楚的情况下做出的决策。

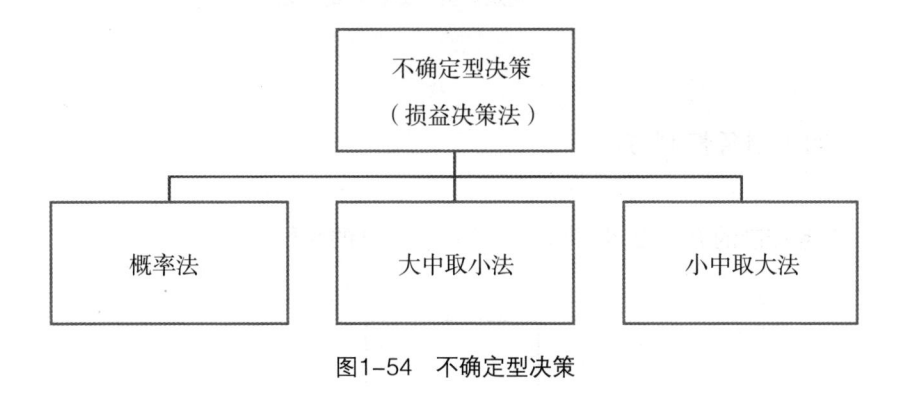

图1-54　不确定型决策

（三）财务计划方法

确定财务计划指标的方法很多，其中常用的方法如图1-55所示。

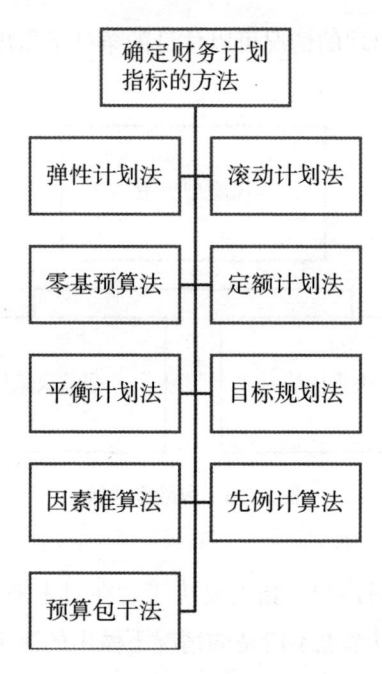

图1-55　确定财务计划指标的方法

（四）财务控制方法

财务控制的方法很多，图1-56所示为常见的几种。

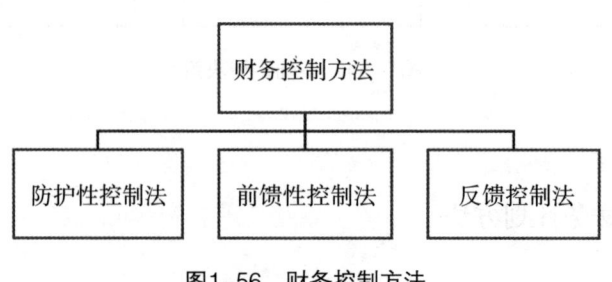

图1-56　财务控制方法

1. 防护性控制法

防护性控制也叫做排除干扰控制。它的意思是指在发生财务活动之前便制定一系列相关的规章、标准、制度，目的是排除一切可能产生的差异。

2. 前馈性控制法

前馈性控制法（图1-57）即补偿干扰控制法，它的意思是指通过监视实际财务系统的运行，采用科学的方法对可能出现的偏差进行预测，然后及时选择有效的措施，消除差异。

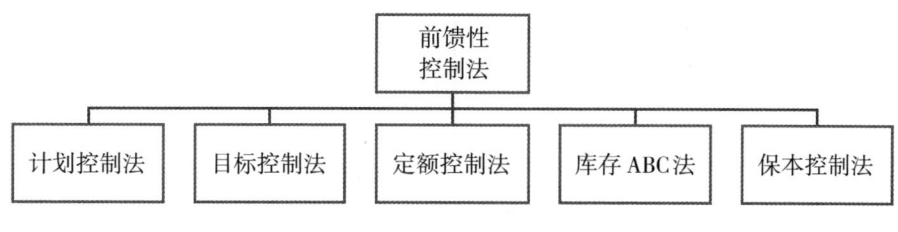

图1-57　前馈性控制法

3. 反馈控制法

反馈控制（图1-58）也叫做平衡偏差控制，它是指将实际情况与计划的内容进行对比，找出差异之处，并分析差异出现的原因，采取有效的方法进行调整，尽量消除差异并避免以后出现类似情况。

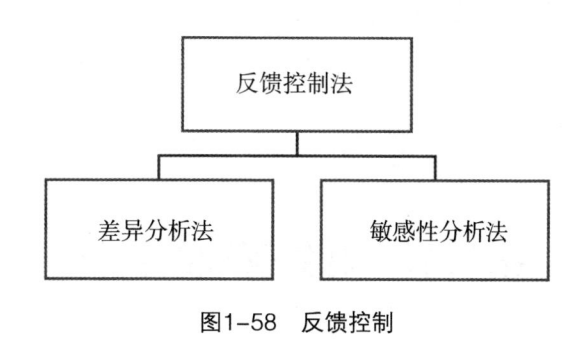

图1-58　反馈控制

（五）财务分析方法

常用的财务分析方法如图1-59所示。

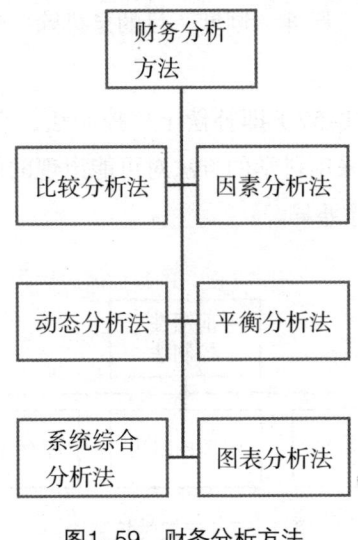

```
              ┌──────────┐
              │ 财务分析  │
              │   方法    │
              └────┬─────┘
         ┌────────┴────────┐
    ┌────┴────┐       ┌────┴────┐
    │比较分析法│       │因素分析法│
    └─────────┘       └─────────┘
    ┌─────────┐       ┌─────────┐
    │动态分析法│       │平衡分析法│
    └─────────┘       └─────────┘
    ┌─────────┐       ┌─────────┐
    │系统综合 │       │图表分析法│
    │ 分析法  │       │         │
    └─────────┘       └─────────┘
```

图1-59 财务分析方法

（六）企业业绩评价方法

企业业绩评价是指采用定性、定量相结合的方法对企业的资金经营效益、生产经营状况、经营者业绩等方面进行综合考核和分析，从而对一定经营时期的企业各部门情况及企业整体情况做出客观、公正的评价。

第二节 财务管理的目标

根据现代企业财务理论和管理实践，企业财务管理的目标有多种表达，其中最有代表性的有四种观点，具体如图1-60所示。

第一章　现代财务管理概述

图1-60　企业财务管理目标

一、利润最大化的目标

企业财务管理目标的最早表达便是利润最大化。利润最大化指的是企业的投资收益是一定的，在此条件下，企业通过财务管理来实现利润总额的最大值。这种观点将利润看作企业创造出来的新的财富，因此，它认为企业取得的利润越多，相应的企业的财富也就越多。这种观点还认为如果每个企业都追求利润最大化的目标，那么社会的总财富就将会实现最大化。

随着相关经济管理理论的发展，财务理论界开始逐渐对这种说法表示不认同，并指出其中的错误之处，具体包括以下四点。

（1）这种说法不够科学，它将各个不同时期取得的利润默认为是等效的，根本没有考虑利润取得时间。

（2）每个企业的规模不同，甚至相差悬殊，而利润最大化是一个绝对数，没有考虑获利和投入资本额的关系，根本不具有可比性。

（3）任何企业的生产、经营活动都会时刻伴随着风险的发生，这种观点考虑的是静态状态，完全忽视了风险的存在，没有联系风险因素来考察利润额。

（4）如果一味地追求风险最大化的目标，企业很可能为了提高眼前业绩而选择近期获利较多的短期项目，而较少考虑有利于公司长远发展但是近期获利不明显的项目，造成企业短期行为，这种做法对企业长期发展明显是十分不利的。

二、每股收益最大化的目标

每股收益等于收益额比股数，因此每股收益最大化又叫做股东权益资本报酬率。每股收益最大化的优点是体现出了获得的收益与投入的资本之间的关系，相较"利润最大化的目标"来讲，弥补了"不同规模企业不好比较"的缺点，但是仍然没能弥补"利润最大化的目标"的其他缺点。

三、股东财富最大化的目标

股东财富最大化通常是上市公司财务管理追逐的目标。这种观点认为股票的市场价格代表了股东财富的多少，因此，也可以说股东财富最大化就是每股市价的最大化。这种观点认为，影响每股市价的主要因素有4个，具体如图1-61所示。

（一）每股利润或股东投资报酬率

投资报酬率=公司的税后净利/流通在外的普通股股数。
每股利润或者说是股东投资报酬率影响着股东财富的大小，而不是税后净利润影响着股东财富的大小。

第一章　现代财务管理概述

（二）风险与收益

任何投资都是伴随着风险的，不存在只有报酬而没有风险的投资。这是因为投资面向的是未来，而投资项目的未来发展走向可能会受到多种不确定因素的影响，人们通常只能做到预测项目未来的走势，而不能百分之百确定其未来发展情况。所以，在看重每股利润的同时也不要忘了风险发生的可能性。不过，通过风险与收益相均衡的原理，我们可以知道，风险与收益是成正比的，如果一个投资项目每股利润较低，那么它伴随的风险也低；如果一个投资项目每股利润较高，那么它也会相应地伴随着高风险。

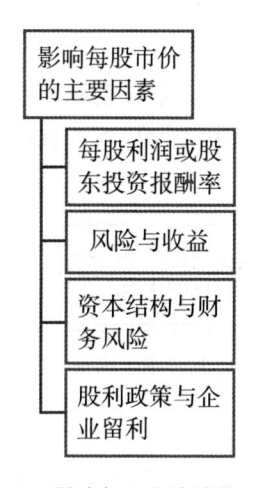

图1-61　影响每股市价的主要因素

（三）资本结构与财务风险

资本结构是指在企业资本总额中所有者权益资本和负债资本的比例关系，该比例关系影响着企业的风险与报酬率。例如，当利息率低于投资报酬率时，企业往往扩大举债金额，然而这同时也加大了企业的财务风险，因为一旦资不抵债，企业将会面临破产的风险。

（四）股利政策与企业留利

股利政策是指在企业如何分配当期盈余，比如企业将当期盈余中的多少作为股利发放给股东，将当期盈余中的多少保留下来作为企业再投资使用。股利政策影响着股票市价的变化，比如，企业采用高股利政策的时候，就会刺激投资者的投资积极性，从而导致股票市价上涨。

四、企业价值最大化的目标

企业价值最大化是指在保证企业长期稳定发展的基础上使企业总价值达到最大。企业价值最大化目标有很多优点，具体如图1-62所示。

图1-62　企业价值最大化目标的优点

第三节　财务管理的内容

企业的生产经营活动不是一成不变的，而是复杂多变的，因此，企业财务管理包括多方面的内容，具体如图1-63所示。

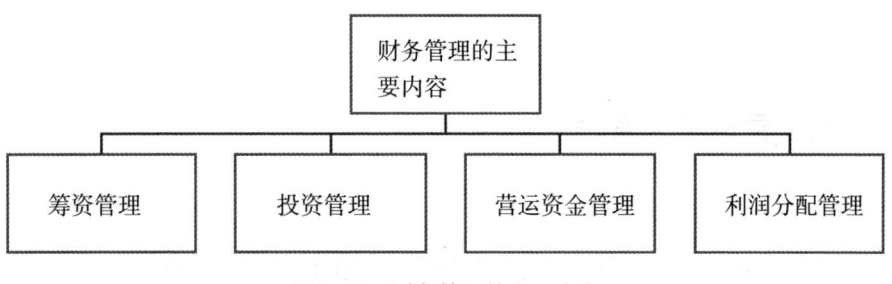

图1-63　财务管理的主要内容

一、筹资管理

筹集到企业所需要的资金是企业能够正常经营存续下去的前提。企业筹集的资金主要需要满足以下几个方面：（1）企业正常的生产经营活动；（2）各项到期债务；（3）支付利息及股利；（4）特定的投资计划需求。企业筹资管理正是解决如何筹集到这些需要的资金的问题。企业筹资管理工作要解决好向谁筹资、什么时间筹集、通过什么渠道筹资以及筹集多少资金等问题，以上这些因素会直接影响到企业筹资需要付出多大的成本，而且给公司带来的风险也不同。所以，企业在进行筹资管理时要处理好相关问题，争取在风险适度的条件下采用资金成本最低筹资方式。

二、投资管理

投资可以按时间分为短期投资和长期投资两种类型。短期投资收益低，流动性高，风险小；长期投资收益高，流动性差，风险大。财务管理的目标之一就是深入分析有关投资事项，在风险适度的条件下，组合出收益最高的投资方式，将企业闲置资金进行投资，获取投资收益。

三、营运资金管理

营运资金主要用于企业日常生产经营，属于日常的短期投资。公司需要对风险和收益进行权衡比较，决定投资对象。

四、利润分配管理

利润分配管理即根据企业的具体经营状况和未来发展的要求，制定合理的分配政策，应按照规定的程序对利润进行分配。

在进行利润分配时，要将股东的近期利益与股东的远期利益进行综合考虑，同时也要将企业的长期发展考虑在内。如果股利支付率过低的话，很大可能会引起股东的不满，从而将股票抛售，最后将会导致股价的下跌。如果股利支付率过高，虽然股东在短期内满意，但是会损害股东长期的利益，而且还会降低企业的再投资能力，非常影响企业的长期发展。

财务分配决策的确定受到多种因素的影响（图1-64），企业应该根据实际情况，全面考虑各种因素的影响，合理做出财务分配的决策，实现企业财务管理的目标。

第一章 现代财务管理概述

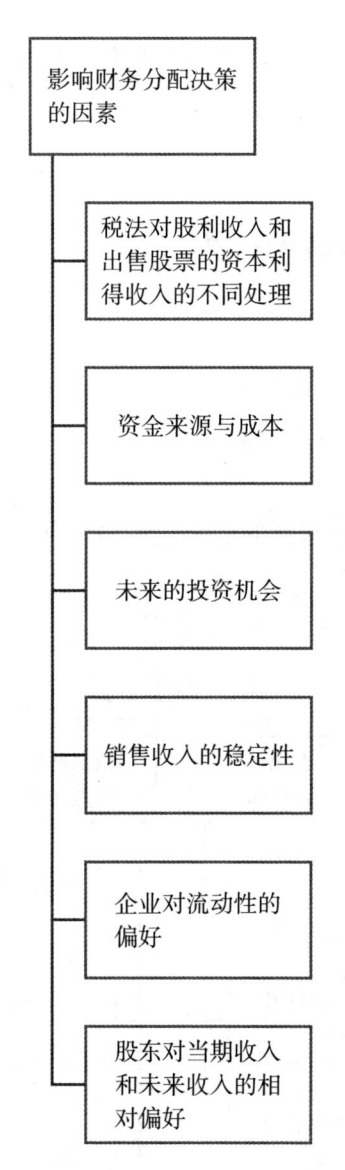

```
影响财务分配决策
的因素
├── 税法对股利收入和
│   出售股票的资本利
│   得收入的不同处理
├── 资金来源与成本
├── 未来的投资机会
├── 销售收入的稳定性
├── 企业对流动性的
│   偏好
└── 股东对当期收入
    和未来收入的相
    对偏好
```

图1-64 影响财务分配决策的因素

第四节　财务管理的环境分析

一、财务管理环境的种类

财务管理环境是一个多层次、多方位的十分复杂的系统，它们相互制约，对企业财务管理产生重要影响。财务管理环境有多种分类方式，具体如下。

（1）按财务管理环境包括的范围分类（图1-65）

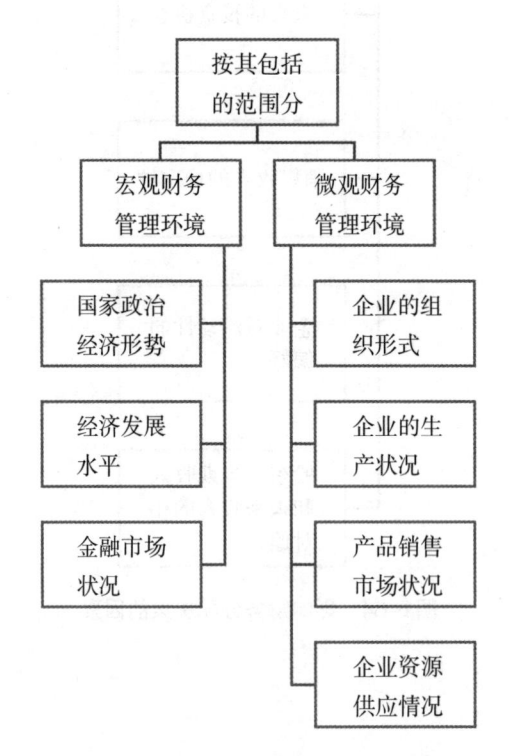

图1-65　按财务管理环境包括的范围分类

（2）按财务管理环境与企业的关系分类（图1-66）

第一章　现代财务管理概述

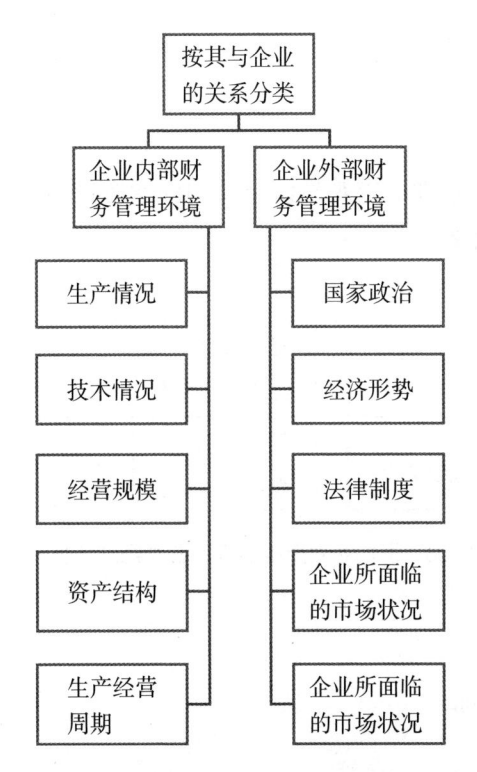

图1-66　按财务管理环境与企业的关系分类

通常，企业内部环境比企业外部环境更容易把握，因为内部环境比较简单，而且一般会有现成的资料，而外部环境构成相对比较复杂，需要认真调查、收集资料，以便进行分析研究。

（3）按财务管理环境变化情况分类（图1-67）

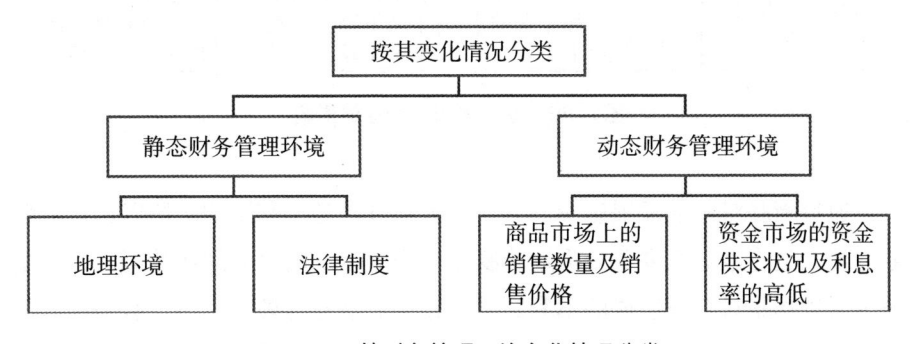

图1-67　按财务管理环境变化情况分类

二、宏观经济环境

影响企业财务管理的宏观经济环境的因素有很多，概括来讲主要有图1-68所示的五个因素。

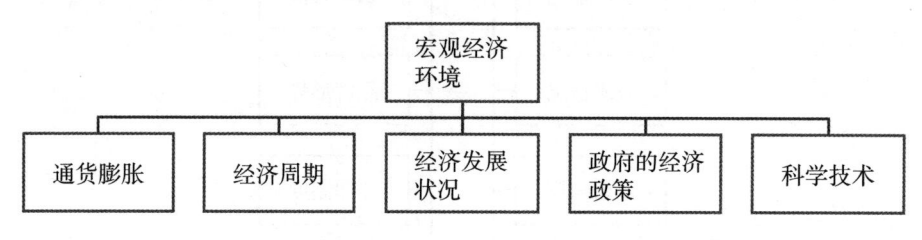

图1-68 影响企业财务管理的宏观经济环境的因素

（一）通货膨胀

通货膨胀是全世界经济范围内都会出现的问题，并且非常棘手。通货膨胀会给企业带来很大困难，其中主要表现在以下四个方面（图1-69）。

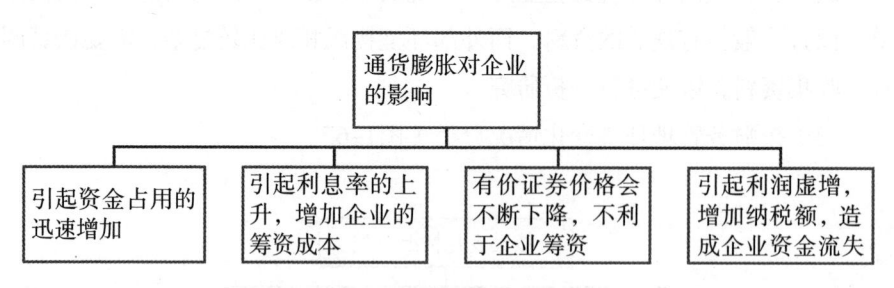

图1-69 通货膨胀对企业的影响

通货膨胀对企业发展影响较大，且大部分都是不利影响。所以，企业财务管理人员应该具有妥善处理通货膨胀给企业带来的财务问题的能力，尽量减少通货膨胀对企业造成的不利影响。在企业财务管理过程中，有一项非常重要的工作，那就是对通货膨胀进行预测，这样可以使企业提前做好安排，

第一章　现代财务管理概述

减少不必要的损失。比如，企业可以在通货膨胀到来之前，购买将要用的设备；提前与原材料的供应商以固定价格签订长期购货合同等。

（二）经济周期

一个经济周期通常经历四个阶段：复苏期、高涨期、衰退期、萧条期。企业理财工作在经济周期的不同阶段会面临不同的问题。

在经济高涨的阶段，市场上的需求会相对比较旺盛，所以企业的销售量以及销售额会呈现明显上升的趋势，市场上出现产品供不应求的现象，企业为了获得更多的利润，就会筹集大量资金，从而扩大生产的规模。

在经济萧条阶段，由于社会经济不景气，整个市场的产品需求量都会锐减，需求量小于供给量，所以企业的销售量以及销售额会呈现大幅度下降的趋势，从而发生产品积压的情况。企业的收入减少，但是固定成本却一直产生，人工费用也在持续支出，企业为了能够正常经营下去，往往会采取短期筹资、催收应收账款等方式。

企业需要根据实际情况以及不同经济阶段的特点来做出不同的理财决策，从而使企业的理财活动能够更好地适应经济的周期性变化。

（三）经济发展状况

我国国民经济建设发展良好，如果企业想要保持住目前的状态，至少需要以同样的速度增长。如果企业想要更上一层楼，那么就要及时抓住机遇，迎接挑战，积极探索与经济发展水平相适应的财务管理模式。

（四）政府的经济政策

我国政府具有调控宏观经济的职能。国家经济的发展规划、国家的产业政策、经济体制改革的措施、政府的行政法规等，对企业财务活动有着重大影响。

（五）科学技术

随着社会科学技术的快速发展与进步，新的技术与设备不断出现，并且更新速度越来越快。因此，企业不能满足于比自己之前的技术或设备有所进步，除了纵向比较之外，还需要进行横向进步。因为社会整体技术水平是呈现上升的趋势，如果企业的技术水平与设备先进程度只是比自己之前有进步，但是如果低于科学技术水平的提升速度，那么企业在同行业中还是会处于落后地位，企业的财务状况自然也会受到不利影响，长此以往，在激烈的市场竞争中将会被淘汰出局。所以，企业财务管理人员务必要适应技术设备发展、更新换代的速度，筹集足够资金，及时更新先进的设备。

三、金融市场环境

企业的正常运营离不开资金的支持，而企业资金的来源，除自有资金之外，最主要的便是从金融机构和金融市场上获得。由图1-70可知，金融环境是影响企业财务管理的重要环境因素。

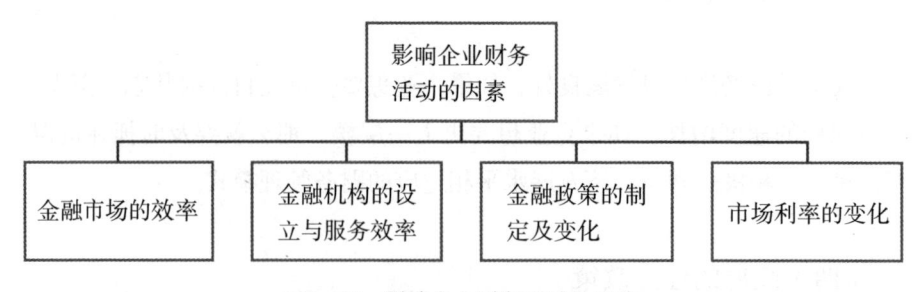

图1-70 影响企业财务活动的因素

第一章 现代财务管理概述

（一）金融市场的含义和构成要素

1. 金融市场的含义

金融市场分为广义的金融市场和狭义的金融市场（图1-71）。广义的金融市场指的是一切资本流动的场所，狭义的金融市场指的是有价证券市场。

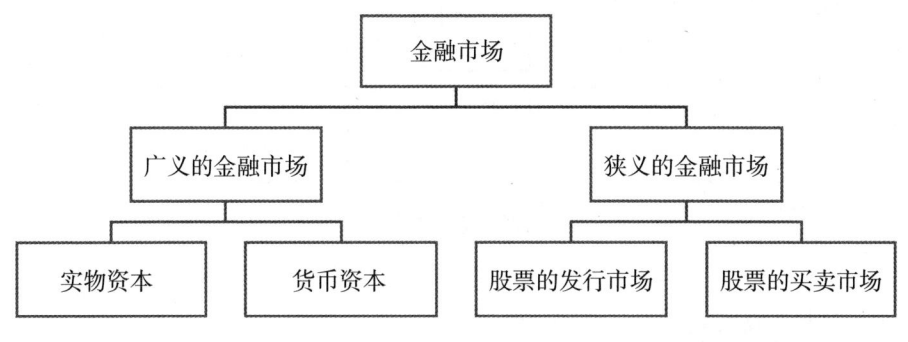

图1-71 金融市场的含义

2. 金融市场的构成要素

金融市场由多个要素构成（图1-72）。这些构成要素的相互作用形成了金融市场的资金融通过程。

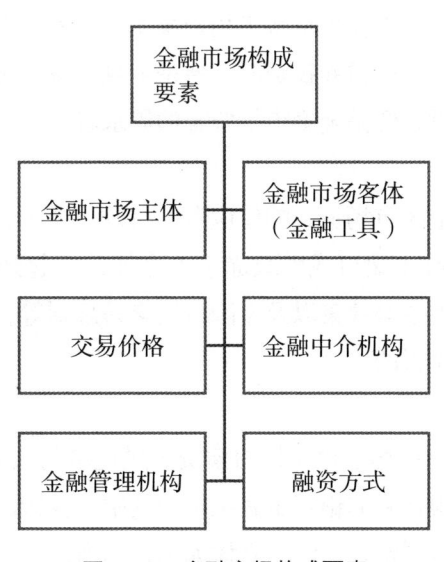

图1-72 金融市场构成要素

(1) 金融市场主体

金融市场主体是金融市场中最重要的因素，它是由参加金融市场交易的全体资金供应者和资金需求者共同构成的。从性质又可以分为五类（图1-73）。

图1-73 金融市场主体

①个人或家庭

即参加金融市场活动时以非组织成员的身份参与的个人或家庭。个人或家庭虽然也可以在金融市场上扮演资金需求者的角色，不过还是以资金供应者角色为主。

②非金融企业

非金融企业指的就是工商企业。非金融企业同样也是既可以作为金融市场资金的供应者，也可以作为金融市场资金的需求者。例如，当工商企业将闲置资金用来购买股票或债券投资时，便是金融市场资金的供应者；当工商企业进行筹资活动时，便是金融市场资金的需求者。

③政府

政府除了作为金融市场资金的供应者（财政盈余）和金融市场资金的需求者（弥补临时性收支缺口或财政赤字）之外，还起到一个非常重要的作用，那便是制定各项金融政策以及金融市场交易规则等，此外，政府还起到调控金融市场供求关系的作用。

④金融企业

金融企业在金融市场上也可以扮演资金供应者与资金需求者两种角色。金融企业包括商业银行和非银行金融机构。其中，我国的商业银行具体可以分为国有银行和股份制银行两种，具体如图1-74所示。

第一章　现代财务管理概述

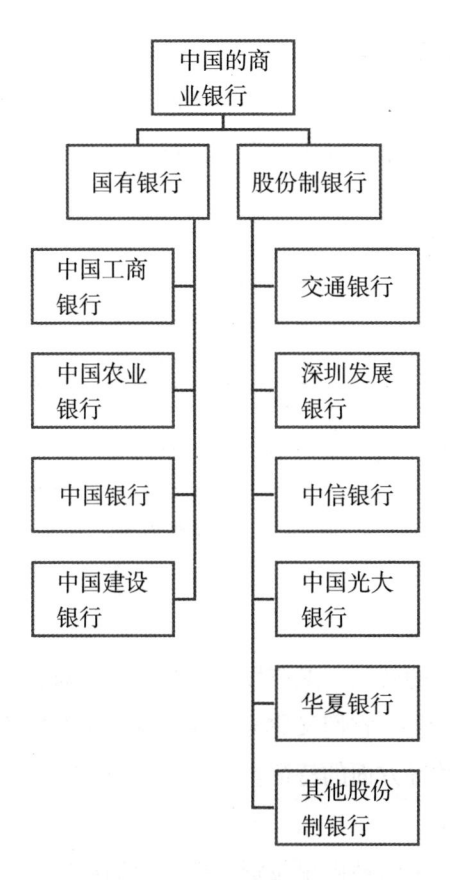

图1-74　中国的商业银行

非银行金融机构主要经营保险、代人理财、证券和租赁等投资与筹资业务。它的具体分类如图1-75所示。

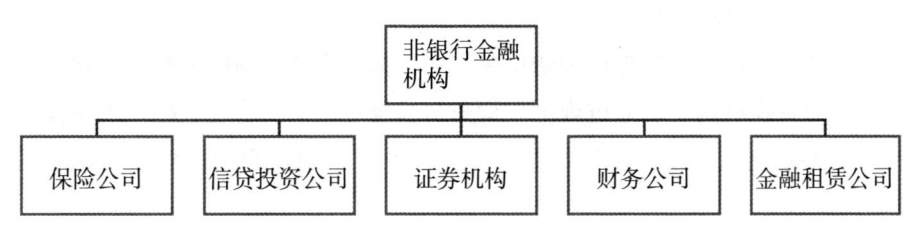

图1-75　非银行金融机构

⑤中央银行及政策性银行

中央银行及政策性银行参与金融市场的活动是为了实施货币政策，贯彻国家产业政策、稳定货币、稳定经济、促进区域发展。目前，我国有三家政策性银行（图1-76）。

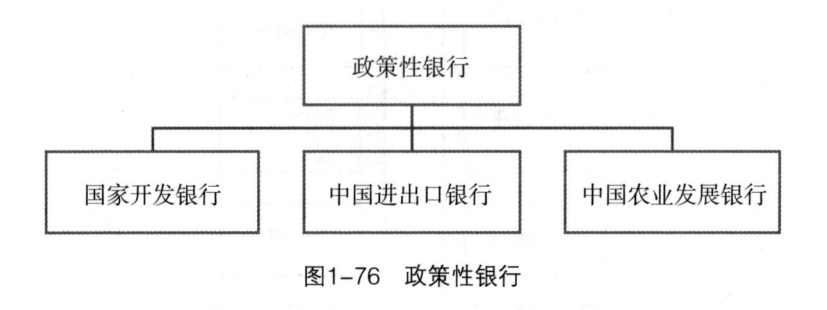

图1-76　政策性银行

（2）金融市场客体

金融市场客体指的就是金融市场上进行买卖的对象，例如各种有价证券（债券、股票、票据等）。它们又称为金融工具或是信用工具，一般具有流动性、风险性和收益性等方面的特征。

（3）交易价格

交易价格是指一定时期内单位资金使用权的价格。

（4）金融中介机构

金融中介机构为金融市场上供需双方间金融交易提供场所，提高金融市场运行效率，在金融市场上发挥着重要作用。金融中介机构主要有商业银行、保险公司、养老基金会等。

（5）金融管理机构

金融管理机构是为维护金融市场秩序、保持市场交易的公平性与合法性而设立的管理机构。它通过规范、检查与监督等活动，管理金融市场主体的行为并仲裁交易纠纷，可以起到防止金融欺诈、稳定金融市场正常秩序的作用。

我国的金融监管体系为"一行三会一局"（图1-77）。

第一章　现代财务管理概述

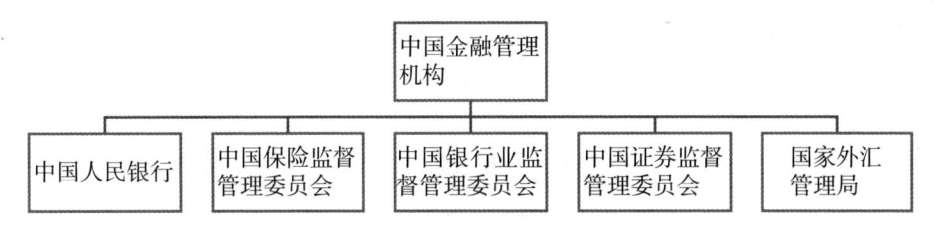

图1-77　我国的金融监管体系

（6）融资方式

融资方式是指企业融通资金的具体形式，包括发行股票或债券进行筹资、利用票据贴现筹资、通过银行信用筹资等。

（二）金融市场的种类

金融市场是金融资产交易的场所。由于金融市场的服务对象不同、经营范围不同及划分标准不同，金融市场可分为不同类型。

（1）按交易对象的不同进行分类（图1-78）

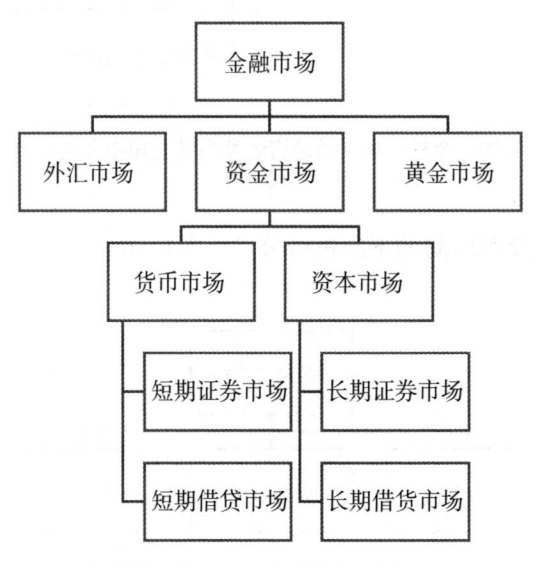

图1-78　金融市场按交易对象的不同进行分类

· 51 ·

(2)按融通资金期限的长短不同进行分类(图1-79)

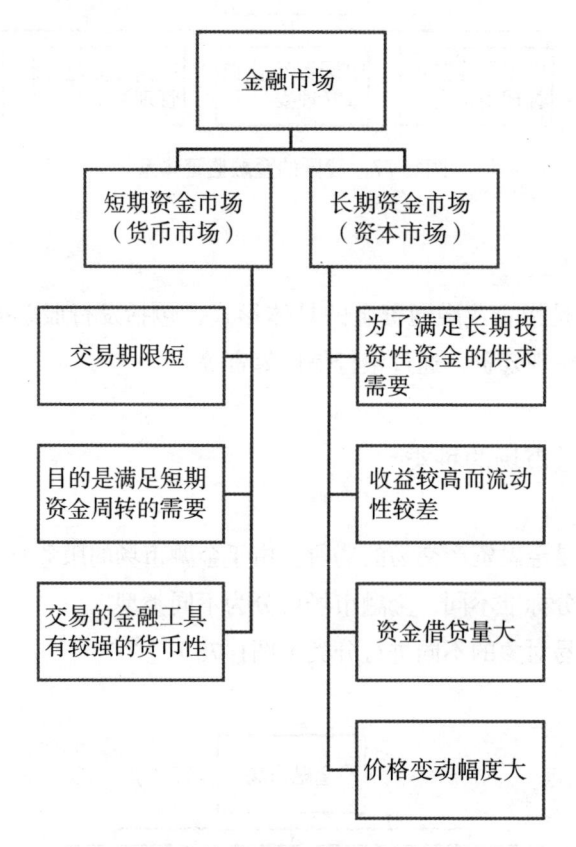

图1-79　金融市场按融通资金期限的长短不同进行分类

(3)按资金交割时间的不同进行分类(图1-80)

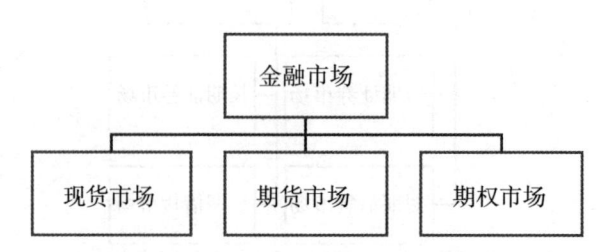

图1-80　金融市场按资金交割时间的不同进行分类

第一章　现代财务管理概述

①现货市场。现货市场指的是交易协议达成后，买卖双方立即结清交易手续、钱货两清的市场。

②期货市场。期货市场（图1-81）指的是不用立即根据协议交货的市场，而是可以按照协议中约定好的执行价格、数量等在约定的时间交货的市场。

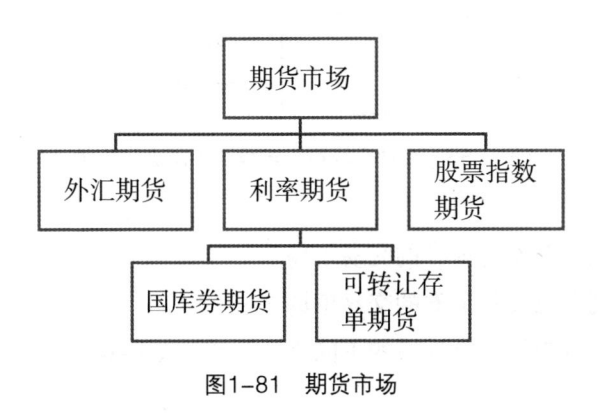

图1-81　期货市场

③期权市场。期权市场是指各种期权交易的市场，是期货交易市场的发展和延伸。按期权买者的权利划分，期权可分为两种类型（图1-82）。

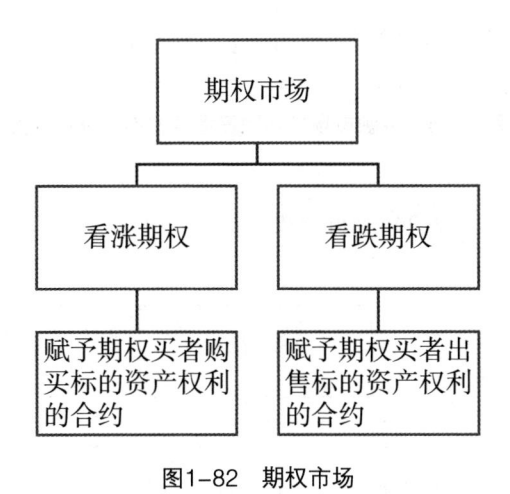

图1-82　期权市场

（4）按市场级次不同进行分类（图1-83）

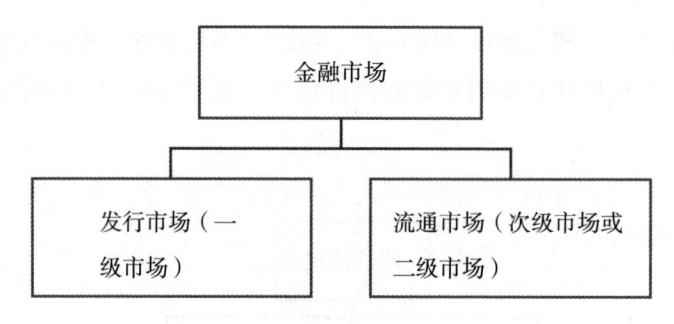

图1-83　金融市场按市场级次不同进行分类

发行市场：新发行证券的交易市场。
流通市场：已发行证券的交易市场。

（5）按金融市场融资地域的不同进行分类（图1-84）

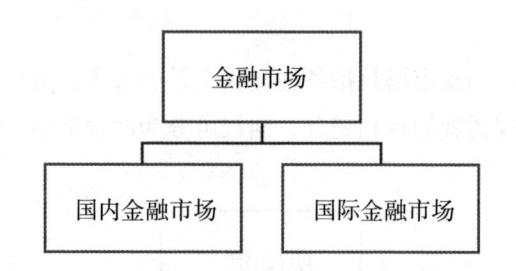

图1-84　金融市场按其融资地域的不同进行分类

（6）按是否有金融中介进行分类（图1-85）

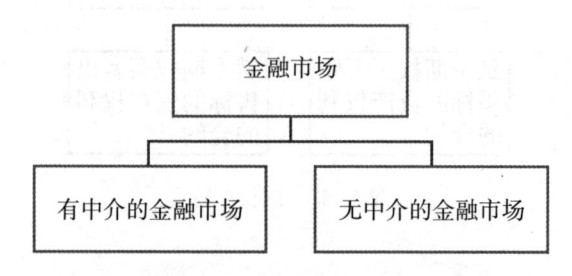

图1-85　金融市场按是否有金融中介进行分类

（三）利息率

1. 含义

利息率，简称利率，是指一定时期内利息额同借贷资金额的比率。用公式表示为：

利息率=利息额/借贷资金额

2. 利息率的表示方法

利息率的表示方法具体如图1-86所示。

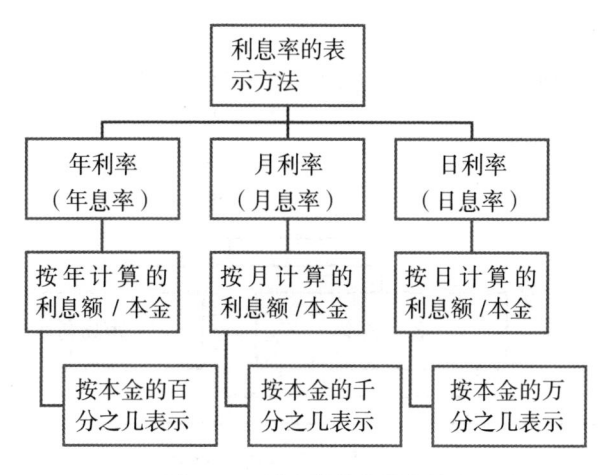

图1-86 利息率的表示方法

3. 利息率的类型

按不同的划分标准，利息率可以进行以下分类。

第一，根据利率之间的变动关系进行分类（图1-87）。

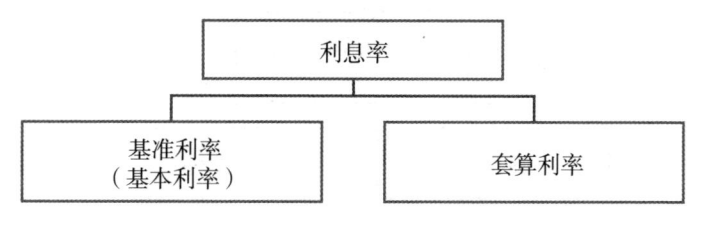

图1-87 按利率之间的变动关系分类

第二，根据利率是否变化进行分类（图1-88）。

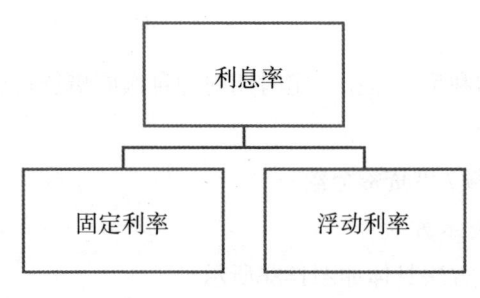

图1-88　按利率是否变化分类

第三，根据利率形成的机制进行分类（图1-89）。

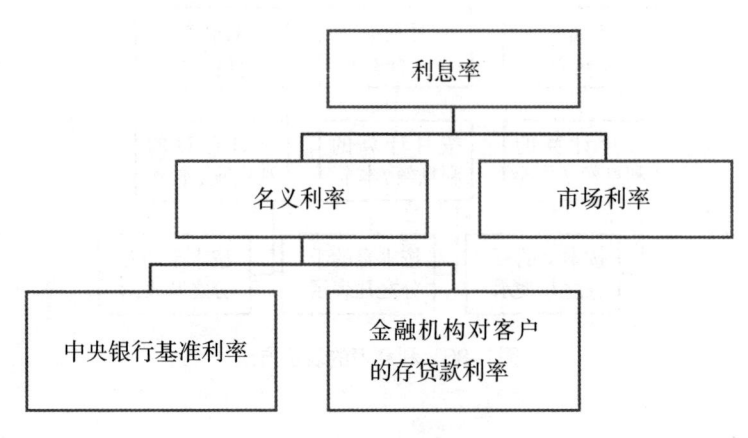

图1-89　按利率形成的机制不同分类

第四，根据债权人取得的报酬进行分类（图1-90）。

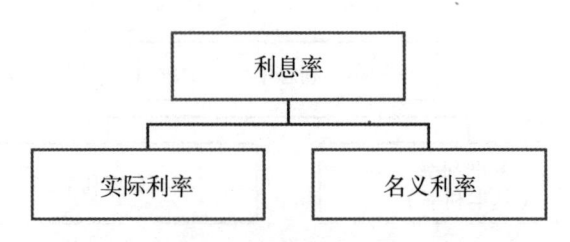

图1-90　按债权人取得的报酬情况不同分类

第一章　现代财务管理概述

第五，根据金融机构存款与贷款业务不同进行分类（图1-91）。

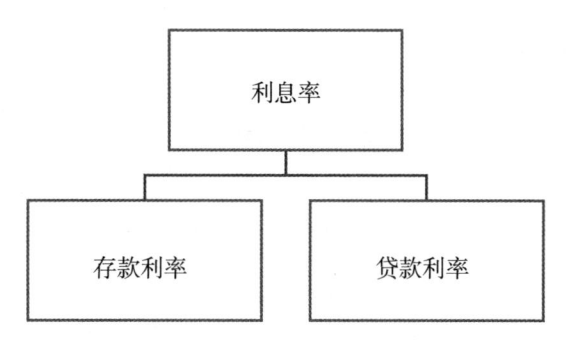

图1-91　按金融机构存款与贷款业务不同分类

4.利息率的构成

资金的利率通常由三部分构成，如图1-92所示。

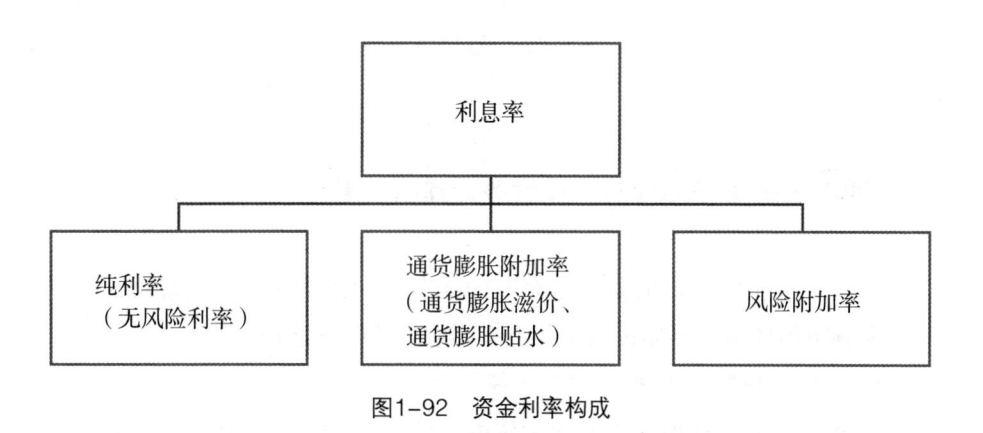

图1-92　资金利率构成

利率的一般计算公式为：

利率=纯利率+通货膨胀附加率+风险附加率

（1）纯利率

纯利率指的是在没有风险并且也没有通货膨胀的条件下的均衡点的利率。纯利率受资金的时间价值的影响，并随着资金供求关系的改变而不断地变化。

（2）通货膨胀附加率

通货膨胀会降低货币的实际购买力，为补偿其购买力损失而要求提高的利率称为通货膨胀附加率。

（3）风险附加率

风险附加率包括三种，具体如图1-93所示。

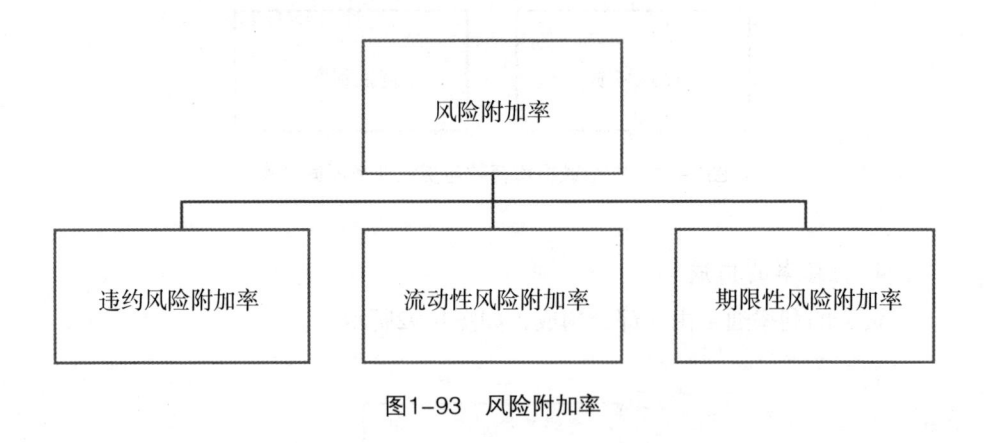

图1-93　风险附加率

（四）金融市场环境与企业财务管理的关系

不管是企业的投资活动还是企业的融资活动都与金融市场环境息息相关。金融市场环境主要通过以下几点来影响企业财务活动。

1. 企业在金融市场进行投资和筹资活动

在金融市场上有很多投资或融资的方法，因此，当企业资金出现短缺时，可以到金融市场上选择适合自己的融资方式，同样，当企业内部资金过多时，也可以到金融市场上进行投资，避免资金的闲置。

2. 金融市场通过金融媒介影响企业

金融媒介指一系列的金融机构，在我国主要包括两类，具体如图1-94所示。

第一章　现代财务管理概述

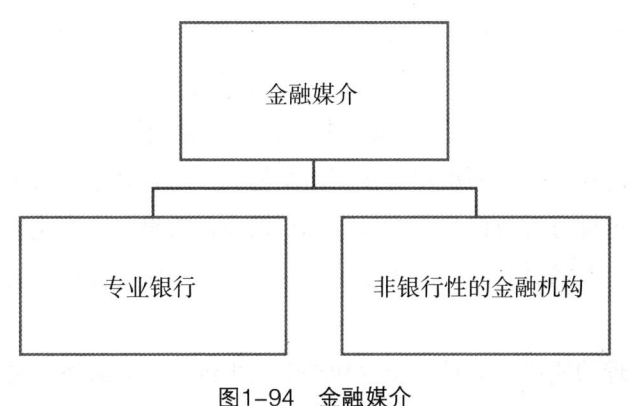

图1-94　金融媒介

专业银行以及非银行性的金融机构都是我国企业日常筹资的媒介。金融机构及政策的变动，比如贷款项目设置、贷款条件的设定、贷款利率的高低等对企业财务活动会产生很大的影响。

3. 企业通过金融市场可将长短期资金相互转化

企业为了获得较多的投资收入，往往通过金融市场进行长期投资，比如股票、债券等，如果企业急需资金，便可以将其在金融市场卖出，转手变现。

四、法律环境

建立以政府主导、企业执行、社会配合以及公众参与的管理系统，形成各主体间的互动协作、监管及限制关系。强化纵向管理，增强省级以下相关机构的执法监管能力。强化诉讼制度，加大对企业责任的制度建设力度。完善公众监管及信息交流机制，激励社团和公众参与。在信息共享方面，政府、企业、社会组织和公众应共同努力，培养一批优秀的监管专业人才。推进财务管理建设，必须强化法律规范作用，切实做到依法治国。借助立法强化责任，确保制度的可执行性，切实维护法治秩序。

持续优化监督评估体系，使评估结果作为激励的关键依据。要执行最严格的评估和问责制度,按照"取长补短、奖善罚恶"的原则进行奖罚。对于破坏财务环境的领导干部,必须追责,确保制度不是空谈。无法容忍某些地方频繁出现财务问题,受到训诫、揭露,但当地领导却未受惩罚,反而升级、被重用的现象。必须重视这些负面案例,严肃查处破坏财务环境的典型案例,通过这种方式教育公众,以实际行动取得效果。在优化财务环境监督评估体系时,要随时研究、深化改革,并总结上一轮环保监督的成果和存在的问题。

财务管理的法律环境是指企业和外部发生经济关系时所应遵守的各种法律、法规。

法律环境一方面对公司的财务管理施加了严格的限制,明确了公司各项业务交易中应遵循的规范或条件;另一方面,法律制度为企业创造了规范的财务管理环境,为企业的生产经营提供法律保障。随着经济的改革与发展,法律体系逐渐完善。例如,公司的设立、运营、破产清算等都会涉及财务关系,处理这些财务关系时都需要遵守相关的法律规定。

(一)法律环境的分类

与企业财务活动密切相关的法律规范主要有以下几类(图1-95)。

图1-95 与企业财务活动密切相关的法律规范

1. 企业组织法规

企业组织必须依法成立。组建不同的企业,要依照不同的法律规范(图1-96)。

第一章　现代财务管理概述

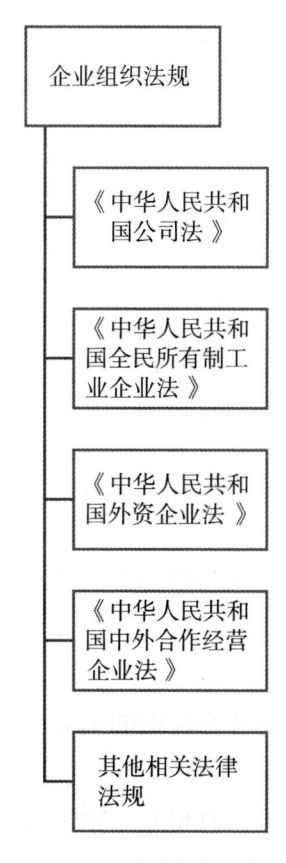

图1-96　企业组织法规

2. 税务法规

国家的税收政策对企业财务活动影响重大，任何企业都必须依法纳税，有关税收的立法分为图1-97所示的三类。

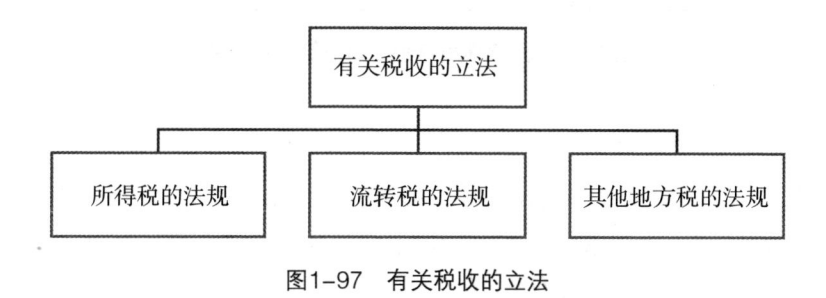

图1-97　有关税收的立法

3. 财务法规

财务法规（图1-98）对企业财务管理有重要影响，财务人员应熟悉这些法规，在守法的前提下实现企业财务目标。

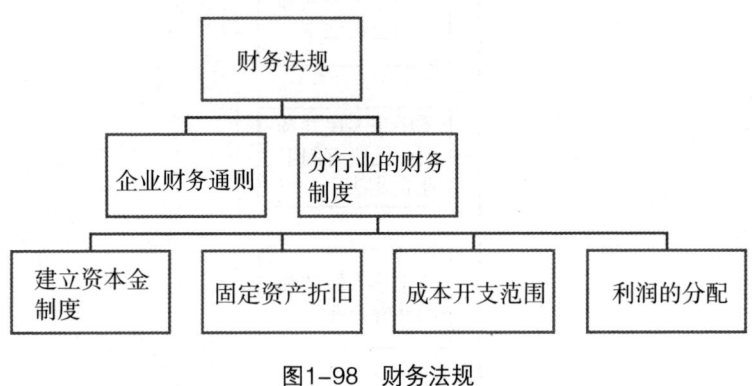

图1-98　财务法规

（二）法律环境与企业财务管理的关系

法律环境与企业财务管理息息相关，主要表现在图1-99所示的三个方面。

图1-99　法律环境与企业财务管理的关系

1. 影响企业的筹资活动

影响企业筹资活动的法律法规有很多，其中最主要的是《公司法》《企业财务通则》《企业财务制度》等。以上法律法规对企业筹资活动产生的影响主要表现在以下方面（图1-100）。

第一章 现代财务管理概述

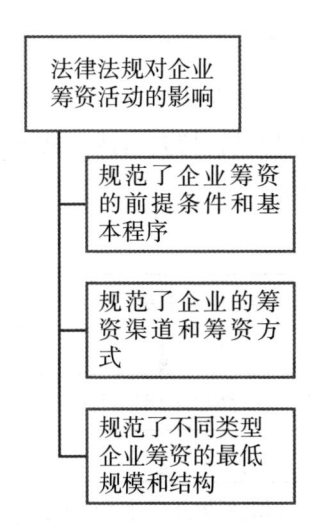

```
法律法规对企业
筹资活动的影响
  ├─ 规范了企业筹资的前提条件和基本程序
  ├─ 规范了企业的筹资渠道和筹资方式
  └─ 规范了不同类型企业筹资的最低规模和结构
```

图1-100 法律法规对企业筹资活动的影响

2. 影响企业的投资活动

影响企业投资活动的法律法规有很多，其中最主要的是《公司法》《中华人民共和国证券法》等。以上法律法规对企业投资活动产生的影响主要表现在以下方面（图1-101）。

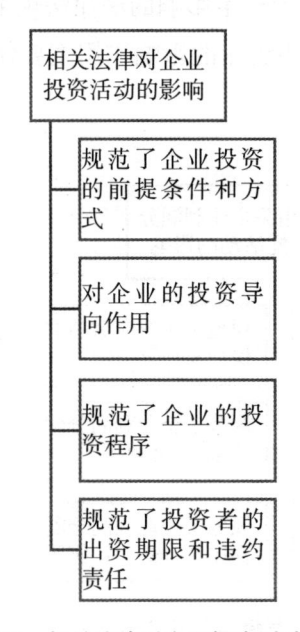

```
相关法律对企业
投资活动的影响
  ├─ 规范了企业投资的前提条件和方式
  ├─ 对企业的投资导向作用
  ├─ 规范了企业的投资程序
  └─ 规范了投资者的出资期限和违约责任
```

图1-101 相关法律对企业投资活动的影响

例如,《公司法》规定了股份有限公司的发起人可以用货币资金、非专利技术等作价出资。《税法》对高新技术企业的税收给予一定的优惠政策,从这里可以明显体现出国家积极扶持高新技术领域。发行公司债券一般要经过规定好的程序,如图1-102所示。

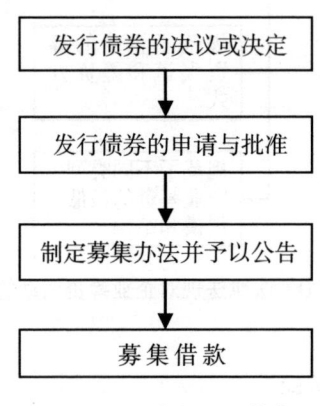

```
发行债券的决议或决定
        ↓
发行债券的申请与批准
        ↓
制定募集办法并予以公告
        ↓
    募 集 借 款
```

图1-102　发行公司债券

3.影响企业的利润分配活动

对企业的利润分配活动产生影响的法律法规主要有《公司法》《税法》《企业财务通则》等。这些法律的影响作用主要体现在以下三个方面（图1-103）。

```
相关企业利润分 ─┬─ 规范了企业应缴纳的
配活动的影响     │   税种及计算方法
                 │
                 ├─ 规范了企业利润分配
                 │   的前提及顺序
                 │
                 └─ 规范了企业利润分配的
                     程序、方式、比例等
```

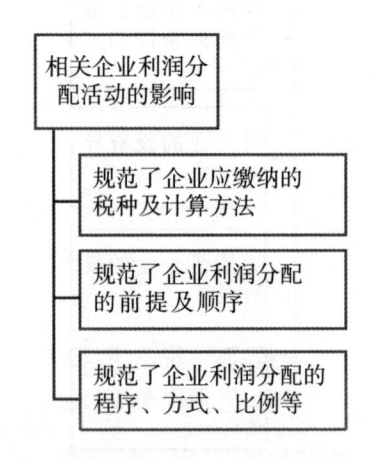

图1-103　法律法规对企业利润分配活动的影响

例如,《税法》中具体规定了企业所应缴纳的增值税、所得税等税种及具体的核算方法。

按照《公司法》的规定,利润分配应按下列顺序进行(图1-104)。

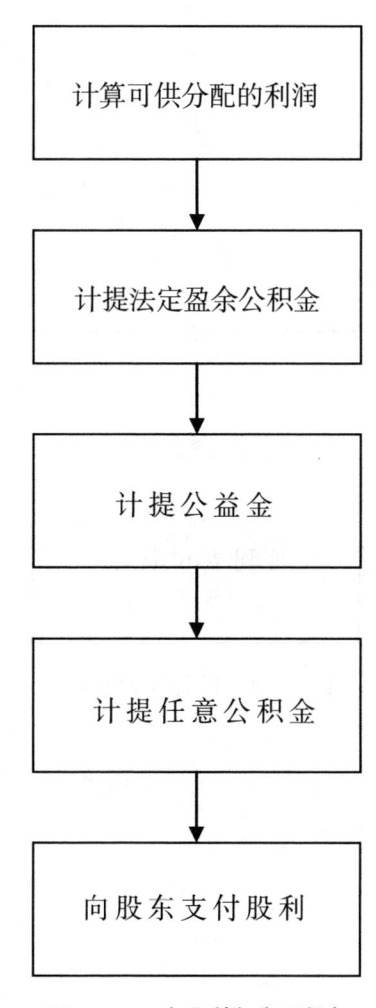

```
┌─────────────────┐
│  计算可供分配的利润  │
└────────┬────────┘
         ↓
┌─────────────────┐
│  计提法定盈余公积金  │
└────────┬────────┘
         ↓
┌─────────────────┐
│     计提公益金      │
└────────┬────────┘
         ↓
┌─────────────────┐
│   计提任意公积金    │
└────────┬────────┘
         ↓
┌─────────────────┐
│   向股东支付股利    │
└─────────────────┘
```

图1-104 企业利润分配顺序

法律法规规范了企业利润分配的程序、方式、比例及去向。例如,股利的发放程序如图1-105所示,而股利的支付方式按照法律规定有现金股利、财产股利、负债股利和股票股利等。

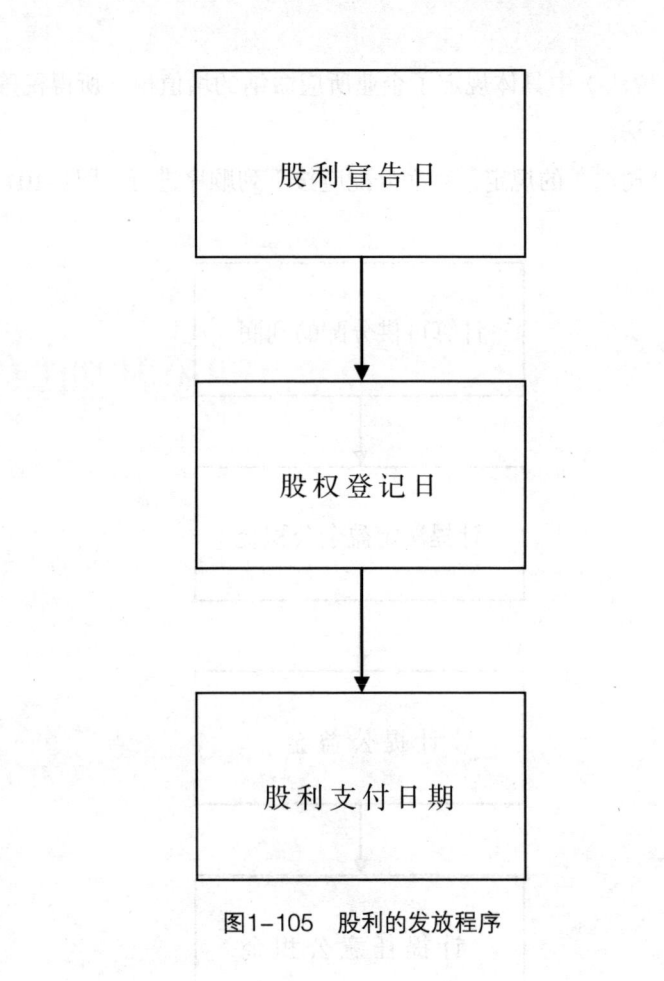

图1-105　股利的发放程序

第二章　财务管理转型的理论基础与方向

随着互联网和信息技术的进步，我国市场经济也加速发展，传统的企业管理模式已无法满足现实需求。在此背景下，为了不影响企业的发展，企业财务管理的转型刻不容缓。企业应当结合实际情况和当前经济市场形势，积极推动财务部门的变革和发展，使财务部门更好地适应当前形势，从而促进公司整体竞争力的稳定提升。

第一节　财务管理转型的概念与动因

一、财务管理转型概念

财务管理转型是指企业对现有的财务管理模式进行调整，以便其更好地适应复杂的经济环境和满足企业长远发展的需要。企业财务管理转型过程中主要改变的是财务管理方式、组织流程、经营模式等，以全面提升企业效益，实现企业价值最大化。

财务管理主要有四种模式（图2-1）。

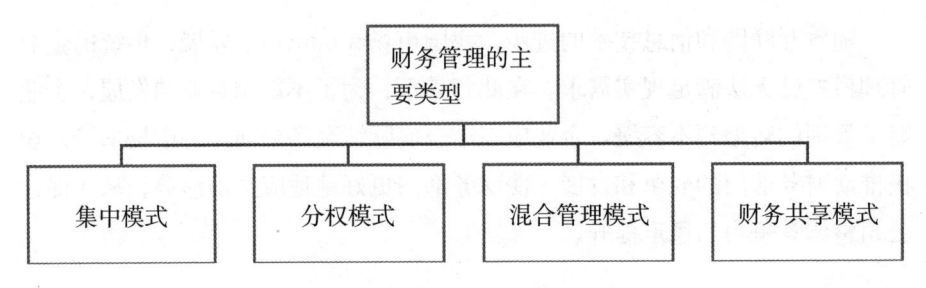

图2-1　财务管理的主要模式

第一种是集中模式，它属于传统财务管理模式，经营过程中的决策权属于总公司的财务部，这种模式有利于对风险的管控，但这种模式也有不利的地方，因为在此模式下，信息往往需要经过多层传递才能到达下属单位，一是很容易扭曲信息，二是会导致下属单位的工作效率下降。

第二种是分权模式。公司负责战略方向的引导和财务控制。公司的财务管理工作根据当地的实际情况进行划分，分区的财务决策权较大。这种模式的优点是运行效率较高，缺点是过于分散，很容易影响战略的实施效果。

第三种是混合管理模式。这种管理模式是集中管理与分权管理相结

第二章　财务管理转型的理论基础与方向

合的新模式。这种模式具有上述两种管理模式的优点，但实施起来比较困难。

第四种是经济共享模式。这种管理模式利用数字信息技术收集和处理财务数据、管理业务，可以提高信息和资源共享的效率。

二、财务管理转型的必然性

随着信息技术、数字技术的进步，现行的财务管理方式得到了很大程度的优化和改进。数字经济时代，推动财务管理转型有利于企业将来更好地识别财务风险因素并进行进一步把控。

在企业的财务管理过程中，需要识别不同类型的风险因素并制定预防和控制措施。而传统的财务管理模式中，不仅不能充分识别财务风险类型和所有影响因素，而且还存在风险不受控制的现象。企业收到的风险信息不完整，从而导致风险管理计划不完善。在数字经济时代，在推动财务管理转型后，可以利用数字技术加强对数字信息的识别和分析，提高识别风险因素的有效性，有效进行风险管理。同时，加快财务管理转型，可以提高财务管理的实际效率，促进企业发展。企业传统的财务管理工作主要是人工完成，在工作中出现的差错较多，对企业的发展产生负面影响。而数字化时代经过转型的财务管理可以灵活运用信息技术、数字化技术，简化工作流程，减少工作量，有效提升财务管理水平，减少工作差错，优化财务管理质量。

第二节　财务转型基础管理

一、创新企业财务管理模式

数字经济时代，要实现企业财务管理的顺利转型，需要结合当前市场需求，创新企业财务管理模式，促进企业发展。

一方面，企业需要推进管理模式的转变。企业必须认识到当前传统财务管理模式的弊端和数字经济背景下财务管理的实际需求，根据实际需求创新管理模式。企业应逐步完善管控型模式，积极建设资金共享中心，结合实际管理需要构建标准化管理流程，进一步规范企业财务管理，实现企业标准化财务管理。企业在财务管理转型时必须清楚地了解内部财务组织当前的运作情况，包括运营成本和运营效率，并根据财务管理的需要构建相应的管理制度，简化内容，促进财务管理与企业发展融合，为企业管理者提供更全面的决策支持。

另一方面，要鼓励组织模式的转型。财务管理的转型必然引发组织模式的改革和发展。因此，要想顺利完成公司财务转型，就必须彻底改变组织形式，以使其更好地适应公司的经营状况。在组织改革上，适当压缩财务管理内部层级，设计扁平化管理架构，实现信息和战略的快速沟通，消除信息滞后、信息不对称等不利情况。同时，合理调整公司人员配置方式，结合数字化管理中的实际需要，增加系统运维以及数据处理等岗位，相互配合，确保各项工作顺利完成。

二、完善企业财务管理机制

财务预算作为企业财务的一部分，应加强对其的管理。企业要建立健全

第二章　财务管理转型的理论基础与方向

预算管理制度，通过预算管理强化对经营活动的管控，激励企业各部门做好本职工作。财务预算管理的主要内容包括三个部分（图2-2），这三个部分相互影响。为了提高实际预算的有效性，应采用数字化技术，落实事前规划，加强监管力度。另一方面，完善预算管理制度，严格控制预算执行内容，遵循先预算后支出的运行机制，采用数字技术跟踪预算执行情况和进度。此外，还需要强化绩效约束，理顺绩效管理流程和企业岗位责任的分配情况，切实提高预算管理效能。

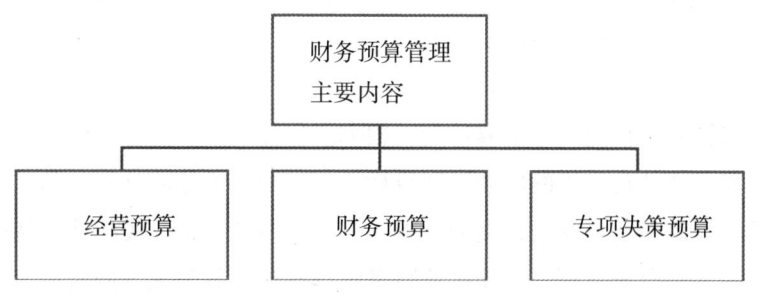

图2-2　财务预算管理的主要内容

企业应加强风险管理，减少有害因素的影响。财务管理改革进程受多种因素影响，公司风险较高。在此过程中，企业必须加强风险监测和控制，构建适当的风险管理体系，进一步减少企业转型后面临的风险因素，促进企业财务管理的顺利发展。企业应在财务共享系统的基础上构建风险识别功能模块。通过识别和分析财务共享数据，结合公司财务预算管理实施情况，可以准确了解资金共享相关的风险，提前制定合适的财务管理流程和综合防控措施，这样可以有效降低风险的影响。

三、培养复合型财务管理人才

随着公司财务管理的转型，逐渐开始利用数字技术来处理基础财务管理数据，这使得公司对高素质人才的需求持续增加，对基础财务管理人员的需求下降。对此，应加强复合型财务管理人才培养，全面提高财务人员整体素质，从而加快企业财务管理的转型。

第一，企业要调整对所需人才的要求，聘请高素质、高能力的人才，用来满足企业财务管理岗位的需求。同时，企业还需要调整人力资源管理计划，调整公司财务部门人才队伍，确保财务管理部门各岗位人员能够履行职责，按时完成岗位工作。在此过程中，应为财务部门的核心职能岗位多储备人才，以避免出现由于人才短缺而使财务部门无法正常运作的情况。具体实施中，可以选拔能力更加均衡的员工担任储备管理人员，为他们提供更丰富的工作内容，从而帮助他们快速成长进步，更好地应对企业面临的各种金融风险。

第二，制订长期人才培养计划。根据工作需求，对财务人员进行针对性技能培养，并结合员工的职业发展目标，制订恰当的培养计划，为其提供恰当的发展资源和学习环境，促使财务工作人员快速掌握相关技能，从而在工作中全面加强财务管理，促使企业财务管理转型顺利完成。同时在人才培养过程中，应注重加强对综合型人才的培养，提高财务人员的综合能力，从而使财务管理人员更加适应数字化背景下转型后的财务工作需要。

第三，利用财务共享中心帮助员工完善财务职能的规划，促进财务管理转型的平稳过渡。将财务共享体系融入公司运营和发展中，由其处理相关财务信息，为管理决策提供适当的决策支持，提高财务管理人员的工作质量。

四、优化企业财务运作方式

为了加快企业财务管理的转型，企业应根据实际情况制定相应的会计准则，以优化企业财务管理的效果。公司财务部门应按照标准化的核算方法，明确财务管理的工作内容，提高公司财务管理的效率和质量。在数字时代背景下，企业进行财务管理转型，应编制相应的会计核算标准，确保处理后的数据能够满足相关会计准则的要求。

第二章　财务管理转型的理论基础与方向

在财务管理转型方面，企业必须根据财务实际情况，采取不同方式积极制定与完善财务管理制度，以满足当前财务工作的需要。例如，在报销业务上，企业必须实施符合当前实际情况的标准化报销业务流程。

第三节　财务管理的方向

面对数字经济时代高质量发展的要求，企业需要重新思考未来财务管理发展方向，本节以企业高质量发展和企业数字化转型要求为主题，从以下两个角度审视企业财务管理未来发展的方向与重点。

一、职能的转变：从技术服务导向到价值管理导向

传统财务管理中，通过推迟支付应付账款、尽快收回应收账款来提升公司价值，对公司价值管理影响不大。大数据时代，企业财务管理的功能定位已经从服务内部员工的技术手段转向实现企业资源价值最大化的决策支持系统。大数据技术的广泛应用创造了新的商业环境，提高了财务管理的可能性。财务管理不再仅仅提供技术服务，而是直接参与企业的价值管理。用自动化信息功能取代重复的会计操作，这有利于提升人力、财务和物质资源的价值。提高企业智能化、集成化水平，有利于充分发挥企业的优势，实现企业价值最大化。

二、完善数字化财务共享体系

在数字时代背景下,要推动企业财务管理转型和发展,就应该构建好财务共享体系,促进企业财务管理的顺利进行。根据公司未来战略发展方向,对财务共享中心进行合理规划。一般情况下,可以将财务共享中心大致分为六大模块,不同模块专门负责相应的财务资金管控工作,以提高财务共享体系的实际运行效率。

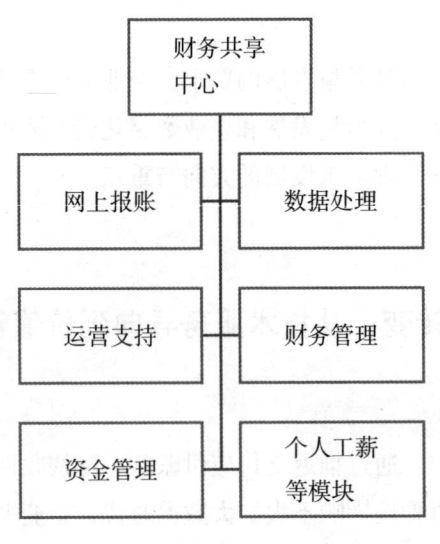

图2-3 财务共享中心

第三章　财务管理转型的技术支持

当今背景下，自动化、云计算、区块链、人工智能等新技术快速发展，其应用领域也在不断扩大，可以说是渗入到了人们生活的方方面面。企业对财务信息化的要求也顺应时代变革的潮流，从会计电算化转向覆盖经营全流程的财务数字化。财务人员积极参与基于新技术的金融智能应用研究和实践，支持财务管理的转型，全面提升财务管理价值和企业管理效率。

第一节 RPA技术助力财务自动化

随着社会的不断进步和科学技术的快速发展，人工智能时代如期到来，并将极大地影响各个行业和领域。会计工作与人工智能的有机融合，为财务流程自动化奠定了基础。

一、流程自动化（RPA）技术简介

随着数字化、智能化的不断发展，流程自动化（图3-1、图3-2）和人工智能（AI）为企业财务管理提供了新的技术手段。如果说AI是机器人的大脑，那么RPA就是机器人的神经网络。机器人流程自动化（RPA）是一种基于计算机编码和规则的程序，它通过执行重复的基于规则的任务来将人工活动自动化。"不知疲倦"和"尽职尽责"的优点使它能够处理各种耗时、枯燥且容易出错的工作，例如单据输入、稽核等。此外，RPA还可以全天及时处理交易，极大地保证了每笔交易的及时性，让企业能够第一时间了解最新动态，从而降低风险，切实提高企业财务内控的有效性和效率。

图3-1 RPA（1）

第三章　财务管理转型的技术支持

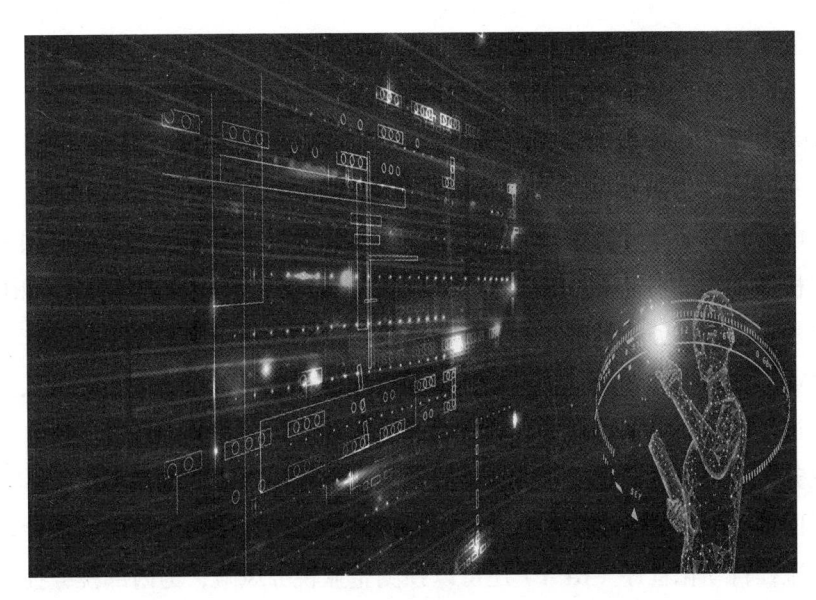

图3-2　RPA（2）

二、财务内控管理应用实例

下面以费用稽核、税务管理及内审合规等业务场景为例，简述流程自动化（RPA）在全面提升财务内控管理能力中的具体应用。

（一）费用稽核自动化

电网企业是资产密集型企业，因此该类企业里的财务人员每天审核非常多的报销单据，处理这些报销单据需要花费大量的时间。智能化技术手段的产生为财务人员节省了大量的时间。初审报销单据可以由费用稽核机器人来做。它可以自动登录财务报账平台，检查报销单据是否符合规定或是否符合财务报销管理办法，并传输和记录检查结果。之后，可以运用流程自动化程序（RPA）对单据的真实性、合规性、完整性以及金额的准确性等进行全面审查。采用RPA审批流程进行财务成本审查，不仅提高了数据审查效率，而且降低了人工错误率，保证了会计信息的可靠性。

（二）税务管理自动化

电网公司业务种类的增加和服务范围的扩大，意味着财务人员必须处理很多税务工作（图3-3、图3-4）。在该应用场景中，流程自动化程序（RPA）主要用于支持财务人员进行增值税、进项税抵扣、网上纳税申报等工作。由于企业所得税和个人所得税申报交易规模大、业务重复次数多，税务人员在处理过程中面临繁重的任务。流程自动化程序（RPA）可以替代人工自动登录税务系统进行纳税申报，替代纳税人处理纳税申报表的繁琐工作，其较人工相比具有更高的准确性和高效性，显著降低了纳税申报过程中的风险。此外，流程自动化程序（RPA）还可以预测企业税务风险，为内部税务控制提供大量参考。

图3-3 税务管理（1）

第三章 财务管理转型的技术支持

图3-4 税务管理（2）

（三）内审合规自动化

在这个应用场景中，流程自动化程序（RPA）主要用于控制公司内部的合规性。内部控制体系一旦建立，就必须让员工统一遵守。

一是考勤管理。保证企业正常运转的考勤管理制度必须细致。特殊部门负责执行并严格遵守规定。有条件的单位可以实施考勤机管理。考勤机的使用减少了人为考勤因素的影响。

二是引入绩效考核目标管理，进一步明确各职能部门的职责，量化管理，每月进行考核评价，并与福利、奖励等挂钩，为全体员工提供激励机制。

三是部门间既要相互协作又要相互监督。为了提高部门管理水平，既需要完善部门内部管理制度，又需要在各部门之间进行相互制衡，相互监督管理。同时，要按照职责分工全力配合，共同保障企业业务顺利开展。

第二节　云计算技术助力财务信息化

一、云计算技术

2006年，云计算概念首次被提出，它是目前继计算机、互联网之后的第三次IT变革。从信息计算上来说，云计算（图3-5至图3-7）综合了分布式计算、并行计算以及网络计算的优势，它将一个大的问题切割成小问题分发到不同的计算机上同时进行处理，最终将所有结果汇总到一起，综合分析后得出结论。

先前信息技术在运作时需要依靠更多的硬件设备和软件，并且还要投入大量的人力、物力去维护其正常工作，而云计算则很好地解决了这一问题，不仅能做到用户之间共享硬件与软件，而且还能按需求购入虚拟化服务和配置，这些操作大大节省了IT成本。除此之外，云计算还有分布广、安全性高、可利用性高、操作便捷、信息承载量大、处理快等优点。

图3-5　互联网云计算

第三章　财务管理转型的技术支持

图3-6　云计算技术共享系统

图3-7　云计算技术网络空间概念

二、云计算对企业财务管理信息化建设的影响及二者结合的可行性

（一）云计算对企业财务管理信息化建设的影响

在公司财务管理过程中运用云计算技术，可以以较少的资源加强信息构建，促进不同资源的科学配置。云计算技术还可以帮助企业减少硬件投资，企业可以利用云服务在线完成相关工作。更重要的是，云计算可以为企业提供更专业、更安全的服务，让企业更顺畅地管理财务信息。出于这些原因，许多企业将目光转向了云计算服务，并且也更加热衷于使用云计算。从云计算本身来看，其对企业财务管理信息创建的作用体现在以下两点。

1.提高公司财务管理数据建设的效率

得益于各种云技术的应用，企业财务管理的信息化程度变得更高，各种资源和信息可以更全面地存储，并可以进行系统核算，为企业管理者提供更及时、更准确的数据信息，可以显著提高财务管理效率。

2.充分发挥财务管理职能

财务管理是企业的一项重要工作。不仅需要对各种数据信息进行汇总和计算，还需要通过数据分析和筛选为企业管理者提供更加全面的信息，帮助企业管理者做出决策和履行管理职能。

（二）云计算与企业财务管理相结合的可行性分析

近年来，随着我国市场经济的快速发展，许多企业的规模不断扩大，企业的业务类型呈现多元化发展趋势，也有更多的数据信息需要分析处理。人们希望将相关信息存储在网上，并利用信息检索等方式，使信息使用者在使用计算机终端获得授权的同时，可以方便地获取信息。而云计算便刚好可以通过"云存储器"为用户提供所需信息、硬件资源和软件资源等，实现"一对多""多对一"的信息传输。

云计算为用户提供的服务具有安全性与高效性，因此将云计算技术与公

第三章　财务管理转型的技术支持

司财务管理相结合更加实用。此外，云计算技术还可以与互联网技术相结合，全面帮助企业更好地处理大量数据，最大限度地降低企业的软硬件成本，提高资源的利用率。这也说明两者的结合具有巨大的价值。

三、云计算环境下企业财务会计信息化建设过程中面临的问题

（一）云计算平台建设缺乏支撑力

建设云计算平台需要大量的人力、物力、财力等，并且必须有良好的制度保障。但目前国内尚无这方面的专门制度，导致平台建设时没有明确的参考标准。此外，我国不少云计算技术研发中心没有足够的资金和人力资源，不具备长期作战的"实力"。

（二）云计算平台安全性能亟待提升

虽然云计算环境下的企业财务会计工作进步很多，比如可以促进财务信息快速传播、提高财务信息处理效率等，但是，基于互联网的云计算平台也面临着更大的挑战。如果相关人员不重视平台的安全管理，就会导致出现数据泄露危机，对企业发展造成很大危害。目前，我国很多企业财务人员缺乏信息安全意识，在日常工作中不注重安全管理，企业也没有建立科学的安全管理体系，因此发生了多起相关案件，比如企业财务软件被不法入侵、企业财务信息被盗取、财务软件被非法篡改等，给公司发展造成巨大损失。也有企业不注重互联网防御体系的建设，不保障互联网安全，影响了企业云计算平台的安全架构，给企业带来一定的风险，有的企业甚至由于这个原因最后导致破产。

（三）信息化财务会计人才短缺

当前条件下，虽然我国会计专家众多，但一些会计人员缺乏创新意识，不善于研究，难以及时引进先进技术，因此很多先进的信息化技术没有在企业中实行。会计是一个相对稳定的行业，企业在招聘会计师时，大多会寻找有经验的员工。然而，有经验的会计师从事会计工作的时间较长，因此年龄更大，想法也更固定，接受度低，阻碍公司引入新的云计算服务。此外，我国一些高校在会计科目教学中往往使用比较陈旧的教材，传授给学生的技能也比较落后，很多高校没有开设云计算服务相关课程。学生没有学习到系统的云计算财务知识，因此很难满足市场需求，不容易找到适合自己的工作。这种情况如果不改善，势必会影响我国会计行业的发展。

（四）信息化建设不足

财务会计工作中信息化建设滞后是企业在数字化财务管理中普遍存在的问题。这是因为构建云计算系统是一项非常复杂的任务。由于技术和硬件的限制，企业对云计算技术的采用仍处于起步阶段。企业没有独立的硬件系统和完整的服务器端口，依赖第三方来维护自己的财务信息系统。企业在这个过程中需要投入大量的人力和财力，以保证其正常运行与使用，减少事故的发生。一些企业，尤其是中小型企业，通常很难一次性提供这些。企业的目的是创造利润，其投资必须以利益最大化为目标。在很多企业领导者眼中，建设信息技术的好处是隐性回报，并不像营业收入那么直接。因此，企业很少会投入太多的资源来建设信息系统。如果在早期提供的技术支持不充分，后续也无法注入足够的资金和大量的资源，云服务的使用和维护将面临重大问题。所以，在现实环境中，企业由于技术、资源、硬件等问题，很难构建完整的信息系统。他们不愿意投入太多的资源建设信息系统，导致云服务应用存在较大接入问题，信息数据无法准确导入，财务数据信息无法高效存储和共享，使得财务管理的发展受阻。

第三章　财务管理转型的技术支持

（五）服务模式单一

企业的云计算服务通常由云计算供应商提供，这些服务供应商的服务形式通常比较单一。由于我国对云计算服务没有明确的定义标准，所以云计算供应商的技术能力存在较大差距，不同云计算供应商提供的云服务内容也不完全相同。云计算供应商通常只为企业提供财务管理工作信息化的框架建设，但信息服务的具体内容与企业的经营状况并不对应，因此信息技术服务与企业的实际发展存在较大差距，例如某些企业的一些特殊计费内容无法纳入财务管理当中，这显然不利于公司财务管理的顺利发展。

（六）云计算服务安全问题

互联网安全是由互联网的本质决定的，云计算是一种有针对性的按需提供的计算服务。其资源共享池完全嵌入网络中，因此使用云计算服务的企业无法直接管理自己的数据并确保其安全。网络服务的引入可能会给企业的财务管理带来各种风险，比如可能会导致企业的机密信息泄露，落入商业竞争对手的手中，这将会给企业的发展带来巨大损害。

四、云计算环境下企业财务会计信息化建设的措施

（一）政府发挥引导作用，加强云计算平台建设

构建云计算平台是一项系统工作，涉及很多复杂的流程。为了使云计算服务更好地得到使用，提高当地企业整体运营效率，促进地方经济发展，地方政府必须充分发挥引领作用，加强云平台建设。政府应牵头，集中跨行业的管理资源、资金资源、人力资源和技术资源，共同开发云计算平台，还可以设立自主研发的云计算平台示范工程，推动云计算平台规范化运行。此外，政府必须落实相关云计算法律保护制度，引导云计算更好地发展，划分

清楚云计算各参与方的责任，对其行为进行约束与限制，为云计算发展提供保障。例如，可以发布云计算系统管理的法律标准，或者可以将与云计算相关的内容纳入《企业会计准则》或《会计法》的特定章节中。政府还可以开展云服务商信用评估活动，定期评估服务商状况，确保优胜劣汰，使服务商更好地实施云计算服务建设，为云计算服务行业的高质量发展奠定良好的基础。

（二）做好云计算安全体系建设

云计算服务的载体是互联网平台，而互联网具有高度透明、共享等特点，很容易出现信息安全风险。这就需要企业构建云计算服务安全体系，以便企业更好地、放心地利用云计算平台。

第一，平台必须实时验证登录用户的身份，并为每个操作者设置适当的权限，以确保他们可以在权限范围内访问数据并避免数据被篡改，加强云计算安全控制。

第二，要有效利用域安全管理、数据库安全管理、密钥管理等技术，防止数据泄露。

第三，可以利用隔离技术，以私有加密的形式连接多台计算机，保证数据安全。同时，通过多租户和物理隔离，可以实现数据的充分隔离，最大程度地减少潜在的威胁。

目前，我国不少企业都采用了云计算平台，通过云计算技术的运用，实现可持续发展，并且加强了财务信息安全管理。例如，中国联通云数据公司在2019年联通沃云峰会上发布了联通沃云的云计算战略。面对激烈的竞争，联通沃云的目标不仅是成为优质的服务提供商，更要成为领先的管理服务商和云运营商。为推动服务水平提升，中国联通云数据公司发布了沃云腾云计划，该计划涵盖了四大平台（图3-8）。其中，云警平台就是专门针对云服务信息安全管理而搭建的平台，系统规划安全工作，最大限度降低安全风险。该平台对众多云计算企业具有借鉴意义。

第三章　财务管理转型的技术支持

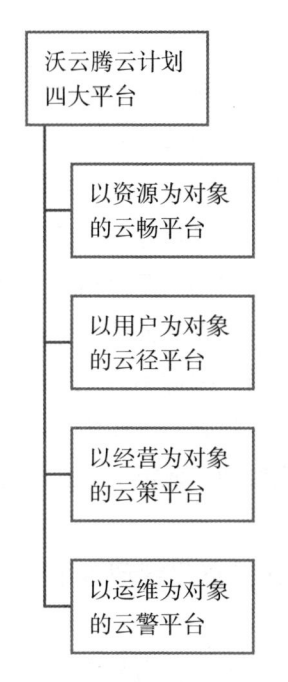

图3-8　沃云腾云计划四大平台

（三）加强财务会计云计算人才培养

云计算作为一种新的计算方式，不仅对我国会计行业的可持续发展产生诸多积极作用，而且对我国市场经济的可持续发展发挥着引领作用，为提高我国整体会计水平提供了强劲动力。

但目前情况下，我国云计算技术人才还不是很充足，因此，要做好云计算技术人才的培养工作。各部委要发挥主导作用，制定相关政策，鼓励高校、科研院所加强云计算技术人才的培训。例如，中国人民大学会计系开设了云计算课程，在向学生讲解会计专业知识的同时，还介绍了云计算相关内容，将云计算与会计实践相结合，收到了不错的效果。此外，在计算机应用技术专业也可以加入云计算相关内容。通过学习信息技术，让学生对云计算有深入的了解，能够更好地参与我国未来云计算产业的发展。学院还可以举办和大数据、云计算相关的培训课程，致力于培养相关人才，支持云计算产业可持续发展，提升国家云计算技术能力。

河南腾达物流有限公司成立于2004年，自成立以来，公司管理者就重视财务管理，通过多种渠道引进财务管理专家，并同时加强对财务管理制度的建设。但随着公司业务规模的不断扩大、物流订单的不断增加，公司的财务工作量也随之增加。原有的财务管理方式已经不适合公司的发展，财务信息系统也不适应公司发展需要，迫切需要得到改进和优化。2017年，企业领导将云计算系统引入了企业，并对财务人员进行系统培训，帮助财务人员掌握云计算相关知识，使财务人员掌握运用云计算进行工作的方法，从而使企业的财务工作更加高效。目前，该企业已在多个地区建立了物流运输基地，通过云计算系统进行集中数据管理，取得了良好的发展成果。

（四）不断提高会计的信息化管理水平

企业应积极招聘与云计算技术应用和维护相关的技术人员，还需要在企业内部制订培训计划，开展培训工作，对内部员工进行云计算应用技能的培训，让公司人员有效地运用云计算系统处理财务工作。

（五）不断加强安全性建设

为了让财务管理更高效、更轻松，企业必须加强技术创新，用好的技术手段提高信息的安全性和保密性，克服云计算技术应用中的信息安全瓶颈。为此，随着云计算服务内容的引入，企业在接受云计算服务的过程中必须从供应商那里获得更多的权限，降低数据泄露的风险。同时，政府机关要更加注重网络监督，准确认识网络攻击行为对社会稳定和市场经济发展构成的威胁，运用法律法规加大对网络攻击行为的处罚力度。要严厉打击破坏云计算安全性的恶意行为，严惩相关人员。

第三章　财务管理转型的技术支持

第三节　区块链技术助力财务共享机制建设

一、区块链概述

（一）区块链概念

区块链技术（图3-9至图3-11）起源于比特币。随着信息技术的不断创新，区块链技术的应用领域也在不断拓展。区块链技术是将信息生成区块，利用加密技术对区块进行加密，并按时间顺序排列，形成链式数据存储结构。从技术角度来看，区块链是数学、密码学、信息技术等多个学科的集合。交易数据存储在区块链上每个人都可见的区块中。数据的记录和连接均经过密码加密和保护，确保数据交换过程中的安全性。

图3-9　区块链

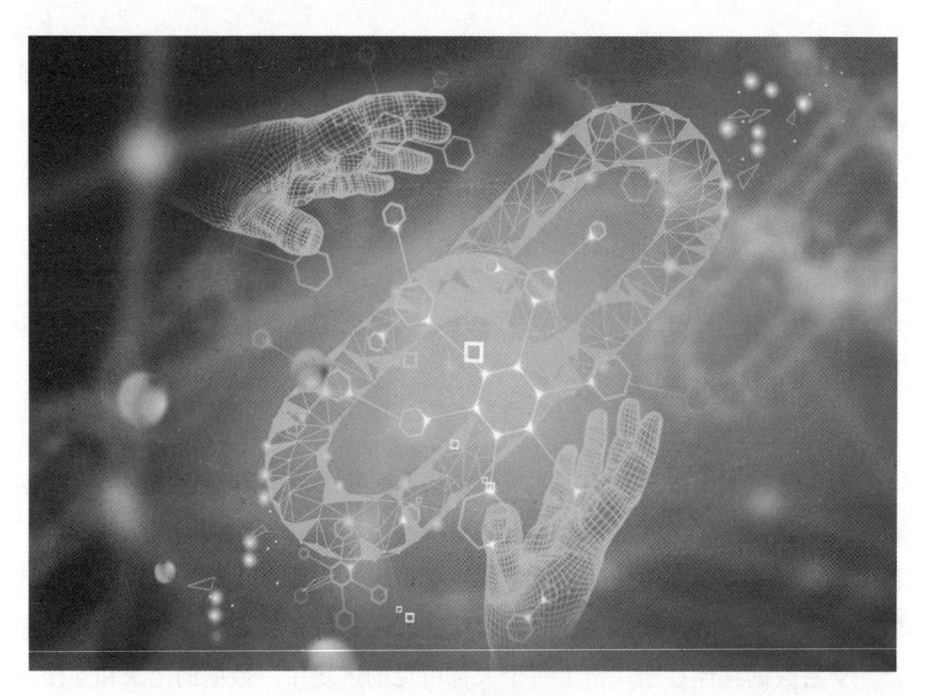

图3-10 金融区块链（1）

图3-11 金融区块链（2）

第三章　财务管理转型的技术支持

（二）区块链分类

区块链主要分为三类（图3-12）。

（1）公有区块链。世界上任何人或组织都可以访问和读取数据，发送和接收交易以及维护系统中的账户。区块链上的任何参与者都可以查看所有交易活动、交易详细信息等。

（2）私有区块链。是指只能接受特定组织或个人进行记账，不允许其他组织或个人访问和操纵的区块链。

（3）联盟区块链。是指由多个团体、组织共同控制的区块链。团体之外的人无法访问区块链。每个组织共享控制权的成员都具有读写权限。

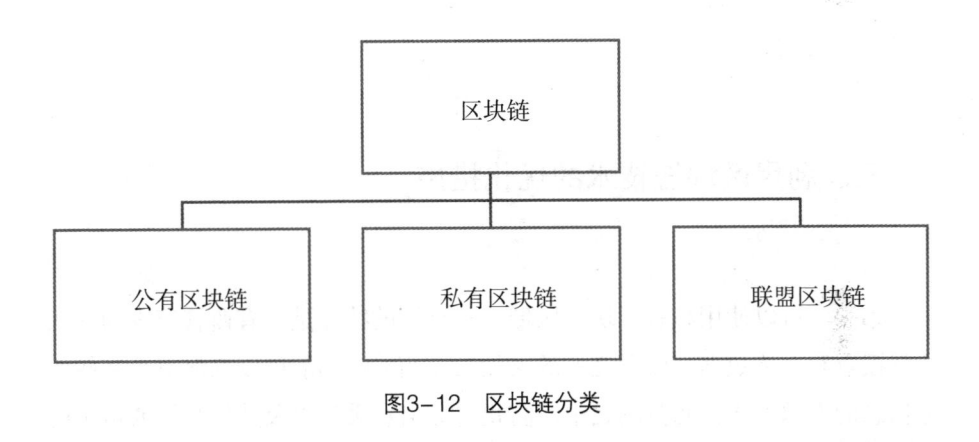

图3-12　区块链分类

二、优化区块链技术嵌入企业财务共享服务中心的基础架构

大多数企业共同的金融服务中心的架构主要分为三层（图3-13）。

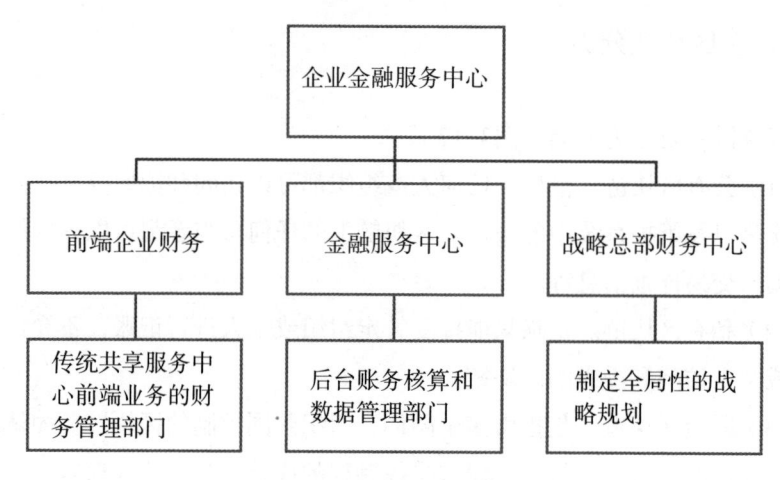

图3-13 企业金融服务中心

三、利用区块链技术的优化措施

第一，可以使用私有区块链区域。私有链的特点是只有监管范围内的人才能读取和上传数据，监管之外的人无法控制。该功能可以确保每个接触财务信息的人都处于控制范围之中，防止财务信息丢失以及其他组织或员工的非法侵入，确保财务信息的安全。

第二，利用区块链的不可篡改性。集团公司的每笔交易都会创建一个区块，每个区块都有自己的哈希值，并且该区块的哈希值对应于下一个区块。所以，如果想要改变区块中的金融数据，就会造成哈希值改变，无法匹配下一个区块的哈希值，因此无法通过哈希值的验证，因此改变金融数据的行为可以及时被发现。如果创建的区块中的数据不正确，确实需要进行修正，那么只要区块链上半数以上的人同意，就可以修改数据。该功能可以避免财务信息被个人恶意更改。

第三，利用区块链时间戳技术。每个区块的生成都有一个时间戳，所有区块按照时间戳的顺序排列在区块链中。如果更改特定区块的数据，该区块

第三章 财务管理转型的技术支持

的时间戳也会同时被更改。这样就可以很容易地在整个链上找到时间戳异常的区块，进一步保证金融数据的真实性。

利用以上三种区块链技术，可以从外部和内部增加财务数据的安全性，从而保证正常运营的安全。

第四节 AI技术赋能财务智能化

一、人工智能技术及其应用

人工智能的英文缩写是AI，属于计算机科学的一个分支。"人工智能"一词首次出现于1956年。随后，研究人员提出了一些相关原理和理论。随着人工智能概念的不断拓展，研究方向也随之增多，并且逐渐应用于财务、税务等各个行业和领域。

人工智能可以分为两个层次：强人工智能和弱人工智能。

强人工智能是指具有感知和自我意识、能够真正思考、能够自适应、应对外部环境挑战的人工智能。

弱人工智能是指不能在一般场景下进行真正的推理和解决问题，不真正具有智能和自主意识的智能技术。

目前，市场主流人工智能（图3-14）研究仍处于弱人工智能阶段。

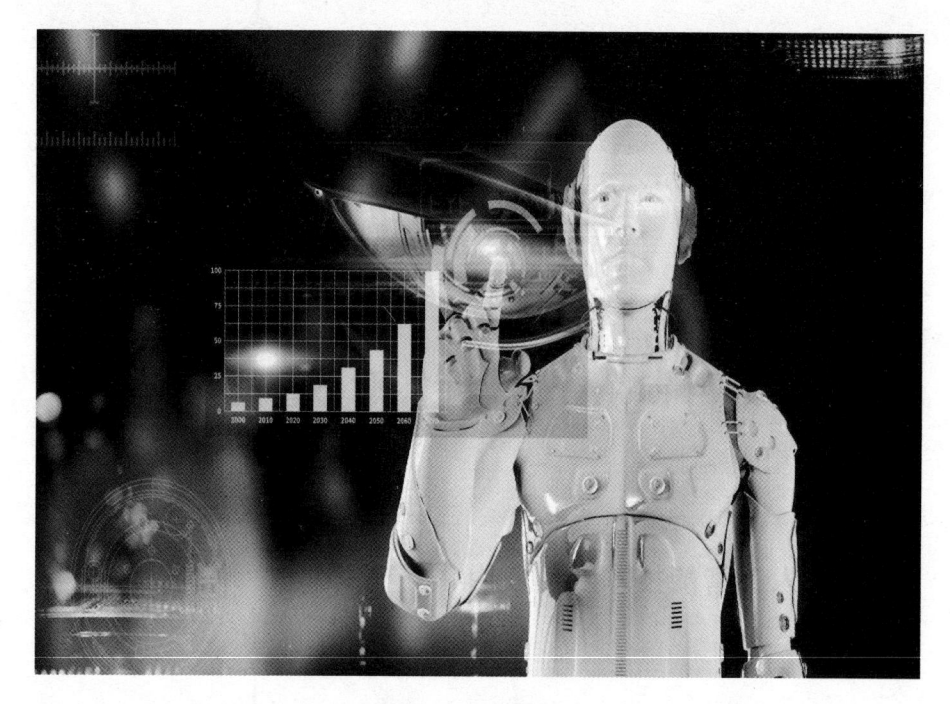

图3-14 人工智能

二、财务智能化应用建设思路

（一）财务智能化应用场景梳理

财务智能化是企业转型的重要实践。利用人工智能技术可以进行账户退款管理、税务管理、资金管理、预算管理等。智能技术在金融领域的运用已经相对成熟。企业需要清楚智能技术是否适合自己、适用于哪些流程。智能应用通常适用于基于标准化规则和各种重复流程的业务流程。在梳理过程中，我们从运算、统计分析、风控等方面探讨自动化、智能化的可能性。

第三章　财务管理转型的技术支持

（二）财务智能化应用效益

根据财务智能化体系的规划内容，设计可行的研发方案，将研发成果应用到财务管理工作中，并结合财务智能化的功能和实际应用进行效果分析。

1. 经济效益

在设计财务智能化应用场景时，根据手工化、复杂度、标准字段、错误率等维度预测自动化、智能化水平，并结合实际应用需求进行设计。智能应用不仅可以节省劳动力成本，还可以提高工作质量。

2. 管理效益

财务智能化应用将人从烦琐、机械的工作中解放出来，有利于财务人员的职能转变，促进财务工作重心从基础会计向管理会计转变，促进管理模式更新，提升管理效率。

3. 财务智能化应用风险管控

财务智能化应用可以帮助企业高质量、高效率地完成一系列工作，在这个过程中，风险管控非常重要。关注应用风险和信息安全风险，为智能金融应用实践奠定基础。

通过对人工智能技术、财务智能化应用场景以及两者融合的研究，提出"场景+人工智能技术"的智能体系的规划建设思路，并通过应用验证人工智能技术的重要性。

三、建议和展望

数字经济的快速发展为财务管理的发展提供了有利条件，数字技术的普及和互联网的普及率提高，使得很多企业都能够参与到数字经济的发展中。企业需要多关注人工智能技术的开发和应用，深入研究财务管理与人工智能的融合，持续推动人工智能等新技术的应用经济转型，提高会计处理效率，告别低质量、重复性工作。同时，为了推进财务信息化，企业必须对财务管理理念、流程等进行调整，以信息化思维创建内外部的联系、沟通和合作机制。

  政府对企业的发展也给予了积极的政策支持和资金投入。政府制定了一系列扶持政策，提供资金支持、税收优惠等，鼓励企业发展。

第四章　财务共享服务引领财务转型

财务共享服务是指企业将财务业务集中到一个中心化平台上，通过标准化、自动化和共享的方式提供财务服务。财务共享服务可以提高企业的财务管理效率，降低成本，提高信息透明度和质量，并优化企业内部控制。在财务共享服务模式下，企业能够利用共享平台实现流程标准化和自动化，减少人工介入，提高处理效率。财务共享服务可以引领财务转型，帮助企业更好地适应市场变化和竞争环境，并提高企业的核心竞争力。

第一节 财务共享的基本内涵与必要性

一、财务

财务活动是社会再生产过程中涉及资金的活动,它反映了财务的形式特征。它与企业、个人和机构相关,包括收入、支出、投资、融资以及其他与资金流动相关的活动。

财务关系涉及财务活动中各个方面的经济关系。这些关系揭示了财务的内容和本质。财务关系包括与资金来源相关的关系,如与股东、债权人和金融机构的关系;与资金运用相关的关系,如与供应商、客户和员工的关系;以及与财务报告和审计相关的关系,如与审计机构和监管机构的关系。这些关系构成了一个庞大而复杂的财务网络,为经济系统的运行提供了稳定的基础。

财务在经济活动中扮演着重要的角色。它通过对经济行为的记录和总结,为企业和个人提供了决策依据。财务分析和报告能够帮助管理者和投资者了解企业的经营状况和盈利能力,为未来规划和决策提供参考。同时,财务也有助于监督和监管经济活动,维护市场秩序和公平竞争。

随着经济的发展和金融体系的完善,财务在全球范围内变得更加复杂和重要。在过去的几个世纪里,随着工业革命的兴起和市场经济的发展,人们开始意识到需要对经济活动进行更为精确和系统的管理,财务管理应运而生,成为促进经济发展和资源配置的重要工具。

在19世纪中后期的社会背景下,随着企业规模的扩大和经营活动的复杂化,财务管理逐渐成为企业管理中不可或缺的一部分。当时的经济环境对财务管理提出了新的要求,需要对企业的资金流动、成本结构、利润状况等进行更加科学的分析和控制。为了适应这一需求,人们开始研究和创造一系列的财务管理理论和方法。其中,会计学的发展成为财务管理的基础,通过记录和分析企业的经济活动,提供了可靠的信息。同时,财务规划、预算管

第四章　财务共享服务引领财务转型

理、成本控制等工具的引入，进一步完善了财务管理体系。

随着时间的推移，财务管理不仅仅局限于企业内部，还逐渐扩展到国家层面和个人层面。在国家层面，财政部门依托财务管理的理念和方法，有效地调控宏观经济，实现国家财政收支的平衡。而在个人层面，财务管理则帮助个人进行理性消费和投资，实现个人财务目标。

总结而言，财务既受制于经济活动的规模和内容，又受制于经济体制的性质和历史的发展。在财务管理的发展过程中，人们创造了一系列的理论和方法，使其成为推动经济发展和资源配置的重要工具。无论是在国家、企业还是个人层面，财务管理都发挥着重要的作用，帮助实现经济目标和提升生活品质。

二、财务管理

财务管理是指在一定的外部环境下，通过寻求有效的方式和方法，使企业资金的运作达到最佳状态。企业的财务管理涉及多个方面的考虑。

首先，需要理解企业的需求。企业为了实现其战略目标，需要有效地运用资金来支持其经营活动、扩大规模、提高竞争力等。财务管理人员需要明确企业的资金需求，包括投资项目、运营资金、融资需求等。

其次，财务管理需要平衡企业的收益、成本和风险。在资金运作中，财务管理人员需要寻找一种平衡，使企业能够获得最大的收益，同时合理控制成本和风险。这包括评估投资项目的预期收益和风险，制定适当的财务目标和报酬政策，以确保投资的回报超过成本，并且风险得到适当的控制。

财务管理人员需要通过有效的财务管理，确保企业的运营决策和资本运作能够最大程度地增加股东权益，为股东创造价值。在财务管理中，有效的决策是关键。财务管理人员需要利用财务数据和分析工具进行投资评估、资金规划、财务风险管理等方面的决策。同时，他们也需要密切关注市场变化和商业环境，及时调整和优化财务策略，以应对风险。

（1）在筹集资金的过程中，财务管理人员需要考虑各种因素。首先，他们需要分析企业的资金需求和资金运作可行性。这包括确定所需资金的规模和时间，以及确定资金来源。其次，他们需要评估各种筹资方式的成本和风险。不同的筹资方式会涉及不同的利率、期限和还款方式，财务管理人员需要综合考虑这些因素，以选择最适合企业的筹资方式。最后，他们需要与金融机构或投资者进行谈判和协商，以达成有利的筹资协议。

财务管理人员制定筹资方案时，还需要考虑企业的财务状况和长期发展目标。他们需要平衡短期和长期的利益，确保筹集的资金不仅能够解决当前的资金问题，还能够支持企业的未来发展。

（2）在进行投资决策时，企业需要全面考虑多种因素。首先，经济性和合理性是考虑投资项目的重要指标。企业需要评估投资项目的利用率、回收期、盈利能力等，以确定投资项目的经济效益和可行性。这包括对投资项目未来现金流量的估计和风险分析，以确保投资的回报能够高于成本，并最大程度地实现资产的增值。其次，企业还需衡量投资项目的风险与收益。每个投资项目都存在一定的风险，如市场波动、技术风险、竞争风险等。企业需要综合考虑投资项目带来的收益与风险之间的平衡关系，制定合适的风险管理策略。这可能包括风险分散、合理的保险安排、项目管理和监控等手段，以最大程度地降低风险对投资回报的影响。最后，企业还需关注资产的长期增值。资产增值是企业发展的重要指标，企业应通过合理的投资决策和运营管理，使资产能够持续增值。这可能包括持续的技术和管理创新、优化资源配置、创建有效的企业价值链等，以提升企业的核心竞争力和市场影响力。

投资决策也涉及企业的筹资问题。企业在进行投资时，可能需要筹集额外资金来支持投资项目。财务管理人员需要考虑不同的筹资方式、成本和风险，以确保企业的资金筹集成本最低，并最大限度地发挥资本的效益。

（3）外部环境之间存在着密切的关系。首先，国家的经济发展周期对企业的财务管理至关重要。在经济繁荣时期，企业通常会面临市场需求旺盛、销售额增长的机会。在这个阶段，企业可以选择扩大生产、投资新技术、开拓新市场等策略，以获取更多的收入和利润。而在经济衰退时期，企业则需要采取相应的措施来应对市场的不景气，如降低成本、提高效率、寻找新的收入来源等。因此，企业必须密切关注国家经济发展周期的变化，及时调整财务管理策略，以适应不同的市场环境。其次，政府的财政政策也对企业的

第四章 财务共享服务引领财务转型

财务管理产生重要影响。政府通过财政政策来调控经济运行，包括市场利率、税收政策、补贴政策等因素。这些政策的变化会直接影响企业的筹资成本、税收负担和经营环境。例如，政府的宽松财政政策可能会提供低息贷款、减免税收等优惠条件，有利于企业融资和发展；相反，政府的紧缩财政政策可能会提高利率、加大税收负担，给企业造成压力。因此，企业需要密切关注政府的财政政策走向，调整财务管理策略，以适应政策环境的变化。最后，金融市场和利率与企业的筹资活动直接相关。企业在融资时，通常会从金融市场上获取资金。金融市场的运行状态、市场利率的高低都会对企业的财务决策产生影响。企业财务人员需要密切关注金融市场的走势，以获取最合适的融资渠道和融资成本。同时，利率的变化也会直接影响企业的财务状况和偿债能力。企业应该根据利率的变化灵活地调整债务结构，选择更适合的融资方式，以降低融资成本和风险。

综上所述，企业的财务管理与外部环境密不可分。国家的经济发展周期、政府的财政政策以及金融市场和利率等因素都对企业的财务管理产生重要影响。企业需要密切关注这些因素的变化，灵活调整财务决策，以适应不同的市场环境和政策要求。只有在充分了解并积极应对外部环境的基础上，企业才能够实现有效的财务管理，实现可持续发展。

三、财务管理学科的发展

19世纪末、20世纪初，西方资本市场得到了迅速的发展和完善。金融机构的涌现以及各种金融工具的使用，加上企业规模的扩大，推动了财务管理学的研究重点从纯粹的财务问题转向了企业如何利用普通股、债券和其他证券来筹集资金等方面。

财务管理学早期的研究主要集中在对金融市场、金融机构和金融工具的描述和讨论上。研究者关注企业在资本市场上筹集资金的方式和方法，以及金融中介机构在企业融资中的角色。这些研究有助于理解企业如何通过股票发行、债券发行和其他融资方式来满足资金需求，并为企业的发展提供有效的融资途径。

随着财务管理学科的逐渐发展,研究的重点逐渐向企业内部财务决策和资源配置转移。通过对企业财务数据的分析和财务报告的编制,财务管理学开始关注企业的资本结构决策、投资决策和分红决策等问题。研究者开始探索企业如何最大限度地增加股东财富,如何选择最优的投资方案和资本结构,以及如何合理分配利润等。

20世纪30年代,西方陷入了严重的经济危机,即经济大萧条。在这个时期,许多企业遭遇了破产、清偿和合并等问题,这使得财务管理研究的焦点转向了这些问题上。这一时期的财务管理研究奠定了企业财务状况系统分析和资产流动性分析的基础。

财务管理的研究逐渐深入到企业内部,关注如何最大化利润、优化资源配置和提高企业绩效等问题。在这个过程中,财务管理的理论和实践不断完善,涉及财务规划、资本预算、资本结构、股息政策、现金管理等方面。企业开始注重如何通过科学的财务手段来提高经营效益,并实现持续的发展。

"资产组合理论"表明,通过合理的资产组合配置,可以最大化地增加投资组合的预期收益,同时降低风险。

"资本资产定价模型"则提出了一种综合考虑资产风险、预期收益和市场风险溢价的模型。

"期权定价理论"主要研究了衍生产品中的期权的定价原理。期权定价理论为衍生产品交易提供了理论基础,同时也帮助企业识别和管理风险。

在实践验证的基础上对现有理论进行完善和修正,使之更好地应用于实际企业管理中。这一时期的研究重点主要集中在财务决策的定量分析上,例如资本预算、风险管理和财务评估等方面。

行为财务理论强调,投资者和管理层在决策过程中受到心理偏差和行为限制的影响,从而导致市场无效和公司行为的非理性。相对于传统财务理论主张的理性经济人假设,行为公司财务更注重研究实际情况中的行为偏差和决策限制。

在行为公司财务的研究框架下,学者们探索了诸多令人关注的议题。首先是外部市场的无效性。行为公司财务研究发现,市场并非始终有效,信息传递和定价机制可能存在各种偏差和失灵。投资者对不确定性的反应、羊群

第四章　财务共享服务引领财务转型

效应、情绪影响等因素都可能导致市场无效。其次是内部管理层的非理性行为。行为公司财务强调，管理层的决策往往受到认知偏差、风险厌恶、过度自信等因素的影响，导致了公司财务决策的非理性。比如，管理层可能存在追求规模而非价值的倾向，以及过度投资、过度依赖外部融资等行为。

在行为公司财务的研究中，融资、投资、资本结构、股利政策和兼并收购等方面都受到了广泛关注。学者们通过实证研究，揭示了行为公司财务对这些领域的影响。例如，研究发现，非理性行为可能导致公司的融资决策与资本结构偏离理性预期；管理层的非理性乐观预期则可能影响其投资决策的准确性和效果；而股利政策则可能受到管理层对现金持有的非理性厌恶和规模追求的影响。

四、财务管理的延伸

（一）企业价值评估

首先，企业价值评估对于投资者而言至关重要。当投资者考虑将资金投入到一家企业时，他们需要对企业的价值有一个清晰的认识。通过价值评估，投资者可以了解企业的潜在价值及其相对估值，以便做出有依据的投资决策。价值评估提供了一个框架，通过分析企业的财务状况、盈利能力、市场竞争力等因素，投资者可以判断企业的投资潜力和风险，并选择符合自身投资条件的企业。

其次，企业的管理者也需要通过价值评估来辅助财务决策和战略分析。价值评估可以帮助管理者评估企业的价值创造能力和资产利用效率，为企业的财务决策提供指导。通过分析企业的价值驱动因素，管理者可以制定战略规划和资源配置策略，使企业实现长远的经济增长和价值最大化。此外，企业的价值评估还可以帮助管理者识别企业内在的优势和劣势，以及未来机遇和挑战，为企业的战略调整提供数据支持。

在进行企业价值评估时，需要综合考虑多种因素。除了企业的资产状况和盈利能力外，还需要考虑企业所处的宏观经济环境和行业背景。市场环境的波动和行业竞争的激烈程度都会对企业的价值造成影响。因此，综合分析这些因素可以帮助评估企业的潜力和风险。

总之，企业价值评估是对企业整体公允市场价值进行综合性评估的过程，它在投资决策、财务决策和战略分析等方面发挥重要作用。通过价值评估，投资者可以了解企业的潜在价值，做出有依据的投资决策。对企业管理者而言，价值评估是财务决策和战略分析的重要依据，可以帮助他们实现企业的长期发展和价值最大化。

（二）企业并购

并购可以带来多项利益和机遇。首先，通过并购，企业可以实现规模扩大和市场份额增加，提升在行业中的竞争力。其次，并购可以带来资源整合和优势互补，提高企业的核心竞争力和效率。再次，通过并购还可以获取新技术、知识和创新能力，推动企业的升级和转型。然后，并购还可以拓展企业的产品线、扩大市场渠道，并实现多元化发展。最后，通过并购还可以实现财务效益，例如降低成本、提高净利润率等。

并购也存在风险和挑战。首先，合并整合的过程可能面临文化冲突、管理兼并难度大等问题。其次，资金压力和债务负担也是并购中需要考虑的因素之一。再次，政策、法律法规和监管环境的变化也可能对并购产生重要影响。最后，不同行业的并购也存在特定的挑战，如技术转移、市场整合等。

为了成功进行并购，企业需要认真评估目标企业的价值、风险和潜在收益，制定合适的战略。同时，企业还应注重沟通与协调，确保合并后的整合顺利进行。此外，企业还应关注法律法规的合规性，并积极与政府部门进行沟通合作。

企业并购是企业之间的兼并和收购行为，是企业资本运作和经营的一种重要形式。企业进行并购的动机和表现形式因企业而异，需要根据自身发展战略来确定。并购既带来了机遇和利益，又面临着风险和挑战。企业在进行并购时，应认真评估目标企业的价值和风险，并制定合适的策略，注重沟通

第四章　财务共享服务引领财务转型

与协调，同时遵守相关法律法规。

（三）企业破产

企业破产是指企业由于管理不善，导致负债超过资产，到期无法偿还债务的行为。这种情况下，企业不得不通过司法程序进行处理，这就是破产案件。破产案件的处理方式包括和解、重整和破产清算。

《中华人民共和国企业破产法》鼓励当事人积极寻求避免企业倒闭清算的方式来公平清理债务。这就意味着在破产法的框架下，企业破产不仅仅是一种倒闭清算的结果，还提供了一种全面的法律程序和机制，以帮助债务人寻求解决方案，并尽可能保护他们的权益。

破产法的意义在于为企业破产提供了合法的管控和法律保障。首先，破产法确立了一整套程序和制度，使债务人和债权人都能在一个公平、透明的环境中进行交流和协商，寻求解决方案。这有助于避免过度清算和资产浪费，保护债务人的权益。

其次，破产法鼓励债务人积极寻求解决方案，如重整。重整是一种通过债务重组、支付优先债务、降低利率或延长偿还期限等方式，重新组织和重建债务人的财务状况，以实现持续经营和债务偿还的方法。这种方式有助于保护企业的客户、供应商、员工等利益相关方，同时也有利于维护市场秩序和社会稳定。

最后，破产法的意义还在于促进市场的健康发展。通过破产法的制定和实施，可以为投资者提供更多的信息和保护，增强市场信心。同时，破产法也能对企业进行管理和规范，倡导诚实经营、合法经营的原则，提高企业的经营水平和竞争力。

（四）公司治理

有效的公司治理需要明确各个利益相关者的角色和权力。首先，股东作为企业的最终所有者，对企业的经营和决策拥有决定性影响力。董事会作为股东代表维护股东利益的机构，应承担监督管理者的职责，并确保企业的决策符合股东利益。经营层作为执行者，应遵循董事会的指导，对企业的经营情况负责并为其长期发展负责。

其次，公司治理需要建立激励机制，使得委托代理关系能够兼容并促进利益共享。管理者作为股东的代理人，需要受到适当的激励，以更好地履行其职责。激励机制可以包括股权激励、绩效考核和奖励制度等，以激发管理者的积极性和创造力。同时，还需要加强信息披露和监管，提高透明度和完善问责制度，以减少代理问题和权力滥用的风险。

在中国企业经营管理中，公司治理往往被忽视，这是一个普遍存在的问题。然而，良好的公司治理对于企业的长期发展和价值创造至关重要。通过优化利益相关者的关系，建立有效的公司治理结构和机制，企业可以提升其战略决策能力和管理水平，为投资者创造更多的价值。

只有通过健全的公司治理，企业才能更好地应对内外部风险和挑战，实现可持续发展，并为投资者提供稳定、可持续的回报。因此，公司治理不仅仅是企业战略的重要方面，更是提升企业竞争力和实现长远发展的必备条件。

（五）行为财务

行为财务关注的是财务主体进行财务活动时的行为方式、决策过程以及利益分配等。

行为财务认为，财务主体的价值观念会直接或间接地影响其对财务信息的处理流程管理。企业的价值观念决定了企业在财务活动中所追求的目标和价值取向，进而影响其财务决策、财务报告和财务管理等环节。例如，如果一个企业重视利润最大化，那么在决策过程中可能会更倾向于选择利润最高的选项，而忽视其他方面的考虑。

财务信息的处理流程管理包括财务数据的收集、分析、整理和传递等环节。这些过程的不同管理方式将直接影响到企业的决策行为和业绩评价，从而进一步影响到企业的发展和利益分配。

需要注意的是，行为财务并非仅仅关注财务行为，它还强调了通过何种途径使财务行为或经济信息对财务主体产生种种影响。行为财务研究的范围

第四章 财务共享服务引领财务转型

更广泛,旨在深入理解财务主体的行为模式、决策过程以及其背后的动机、意图和偏好等因素。

五、财务管理的环节

(一)财务预测

财务预测可以被视为一个系统,其中包括输入、处理、输出和反馈等环节。收集和整理各种相关资料,包括企业的财务报表、市场数据、行业研究等,以获取可靠的数据支持。接下来,根据预测目的和可用数据,选择适当的预测方法和模型,进行测算和分析。

首先,通过预测未来的财务活动,企业可以评估自身的财务状况和潜在风险,从而制定合理的决策。例如,企业可以根据财务预测结果确定投资规模、资金需求和资本结构等,以支持企业的扩张和发展。其次,财务预测是编制财务计划的前提。财务计划是企业实现战略目标的重要工具,而财务预测则为制订可行的财务计划提供了基础。最后,财务预测也是实施财务控制和进行财务分析的重要参考。通过对实际财务数据与预测结果的对比,企业可以评估业绩表现,并及时采取必要的措施进行调整。

财务预测也存在不确定性和挑战。未来的市场变化、竞争环境和政策变动等因素都可能对预测结果产生影响。通过对财务数据和市场情况的分析和预测,企业可以洞察未来,为决策和规划提供指导。财务预测可以帮助企业制订财务计划、实施财务控制和进行业绩评估,提高企业的经营决策能力和管理水平,为企业的可持续发展打下坚实的基础。

(二)财务计划

财务计划的主要作用是为各项财务活动确立明确的目标和任务。一方面,它为财务控制提供了依据,通过设定计划指标和监测实际执行情况,可以及时调整财务活动,确保企业财务的稳健运营。另一方面,财务计划为财务分析和业绩评价提供了尺度。

编制财务计划的程序通常包括以下几个步骤:首先,分析主客观条件,全面安排计划指标,考虑企业内外部因素对财务活动的影响;其次,协调人力、物力和财力等资源,落实增产节约措施,确保财务计划的可行性;最后,编制计划表格,协调各项计划指标,形成完整的财务计划方案。

(三)财务预算

财务预算反映了企业在预算期内的预计现金流量、利润表、资产负债表和现金流量表等各项预算指标。这些预算指标是企业规划工作的成果,对企业经营管理和实现目标利润起着重要的作用。财务预算不仅具体化了企业的决策,而且是控制生产经营活动的重要依据。

财务预算的意义在于为企业提供了一种系统的规划工具。首先,财务预算帮助企业制定具体的财务目标。通过分析财务战略和各种预测信息,企业可以确定预算期内的目标现金流量、盈利能力和财务状况,为企业的经营活动明确方向和重点。其次,财务预算指导企业的决策制定。通过对预算数据的分析和比较,企业可以评估各项决策对财务状况和业绩的影响,以辅助制订合理的决策方案。最后,财务预算还为企业的控制和监测提供依据。通过与实际数据的对比,企业可以及时发现偏差和问题,并采取相应的调整措施,确保财务目标的实现。

(四)财务决策

财务决策的具体程序通常包括以下几个步骤:首先,明确决策目标,确定决策的具体要求和范围;其次,提出备选方案,对可能的决策选项进行全面搜集和分析;最后,在比较和评估各个备选方案的优劣之后,选择最优方案并加以实施。

第四章　财务共享服务引领财务转型

（五）财务控制

首先，财务控制为企业提供了一种纵向和横向的管理机制，可以确保资金和成本费用得到合理运用，从而提高企业的盈利能力。其次，财务控制有助于提高资源利用效率。通过对实际执行情况与标准进行对比，企业可以发现问题和隐患，并采取相应的措施进行调整，以最大限度地提高资源的利用效率。最后，财务控制还能推动绩效管理，激发员工的积极性和创造力，提高企业的竞争力。

但是在实际操作中，财务控制也面临着一些挑战和难题。财务控制需要准确、及时的信息支持和有效的沟通协调，以及清晰的责权利分配，否则将影响控制效果的实现。此外，企业还需要根据不同的情况和阶段，灵活运用不同的财务控制方法，以适应变化的经营环境和目标需求。

（六）财务分析

财务分析的工作步骤通常包括以下几个方面。首先是收集资料，掌握信息。其次是指标对比，查找问题。通过对不同期间、不同企业的财务指标进行比较，可以发现指标之间的差异和异常情况，并进一步分析其中的问题。再次是分析原因，明确责任。通过深入分析差异产生的原因，可以确定责任归属，并找出导致问题出现的内在因素和外部影响因素。最后是提出措施，改进工作。根据财务分析的结果，制定改进措施和业务策略，以促进企业的财务状况改善和业务发展。

财务分析在企业管理中具有重要意义。首先，它能够帮助企业全面了解财务状况和经营成果，揭示企业的盈利能力、偿债能力和成长潜力等重要信息。通过深入分析，企业可以及时发现财务风险和潜在问题，并采取相应的措施进行调整和改进。其次，财务分析可以提供决策支持。通过对财务数据和指标的分析，企业可以评估各种决策对财务状况的影响，更准确地制定战略。最后，财务分析还可以为企业的投资者、债权人和潜在合作伙伴提供重要参考，增强对企业的信心。

财务分析也面临着一些挑战和限制。财务数据和指标虽然重要，但往往只是一个衡量企业综合状况的指标,不能完全反映企业的实际情况。此外,财务分析需要依赖准确、及时的数据和信息,以及专业的分析方法和工具,这对企业的数据管理和人员素质提出了较高要求。

综上所述,财务分析作为洞察企业财务状况和引领改进的重要工具,在企业管理中发挥着关键作用。通过财务分析,企业可以全面了解自身的财务状况和经营情况,发现问题并提出改进措施,为企业的发展和决策提供重要参考。为确保财务分析的准确性和有效性,企业需要加强数据管理和专业素养培养,以提高财务分析的质量和效益。

(七)财务考核

绝对指标是一种直接比较实际完成数和规定指标数值的考核方式。通过将实际完成数与规定指标进行对比,可以清晰地了解任务完成情况,判断是否达到或超过了设定的目标。这种形式的考核直观简单,能够提供明确的量化结果。

相对指标是基于比较分析的考核方式,将某一单位或个人的完成情况与其他相关单位或个人进行比较。通过对各方的相对表现进行评估,可以获得任务完成的优劣排名。相对指标的优点在于能够反映出相对竞争力和差距,并激发积极竞争和互相学习的动力。

完成百分比考核是将实际完成的数量与规定的任务总量进行对比,以百分比形式来衡量完成程度。这种考核方法可以直观地了解任务的完成率,并提供一个统一的度量标准来评估不同单位或个人之间的完成情况。

此外,综合评价考核则是运用多种财务指标对任务完成情况进行综合评估。通过结合关键指标如收入、利润、现金流等,可以更全面地反映出单位或个人的绩效和财务状况。综合评价考核能够提供更为综合和全面的信息,帮助管理者做出更准确的决策。

第四章 财务共享服务引领财务转型

第二节 财务共享服务的业务规范

一、企业财务共享服务标准体系建设的必要性

（一）财务共享服务建设的必要性

数字化已经成为国家战略，并且在企业中扮演着重要的角色。现有的财务管理模式逐渐暴露出一些短板。首先，由于管理链条的拉长，企业在管控风险和成本方面面临着越来越大的困扰。信息的传递和反馈需要经过多个环节，增加了管理的复杂性和不确定性。其次，财务管理流程和数据标准难以完全统一。由于业务的多样性和分散性，以及系统的片面发展，导致财务数据难以整合和比较，进而影响了数据的价值和财务管理的规范化。最后，财务管理人员在决策支持分析和价值创造方面的作用未能充分发挥，这主要是由于现有的财务管理模式限制了他们的工作效率和能力发挥。

为了应对这些挑战，企业需要进行财务管理模式的创新和改进。首先，建立高效的数字化财务共享平台是至关重要的。通过将财务数据进行集中管理和共享，可以加强信息的交流和共享，提高数据处理的效率和准确性。其次，推动财务管理流程和数据标准的统一化。通过制定一致的管理流程和数据标准，可以实现财务数据的一致性和可比性，提高数据的价值和财务管理的规范化程度。最后，还需要加强对财务管理人员的培训，使其在决策支持分析和价值创造方面发挥更大的作用。

（二）标准体系建设的必要性

中国石化共享服务公司充分发挥央企的责任与担当，组建了专题研究小组，并集聚了优秀的专业人才，重点研究共享服务的发展趋势，并总结多年的实践经验。他们制定了一套完整的共享服务建设运营的企业级标准体系，

包括共享中心规划建设、信息技术、业务规范、运营管理、人才培养和评价等方面。这些标准逐步升级成为团体标准和行业标准，填补了市场的空白，并有助于共享服务的可持续发展。

在共享服务建设方面，中国石化共享服务公司注重系统化和规范化的推进。他们通过建立共享服务运营中心、提升信息技术的整合和应用能力，以及制定统一的业务规范和标准流程，实现了资源优化与共享。同时，他们也注重运营管理和人才培养，致力于打造高效、专业的共享服务团队。

中国石化共享服务公司的努力填补了国内共享服务标准建设的空白。通过制定企业级标准体系，他们为共享服务行业提供了可依循的框架。这不仅有助于推动企业在共享服务领域的改进和进步，也有助于推动整个行业的规范化和标准化发展。

在未来，中国石化共享服务公司将继续加强研究和实践，不断提升共享服务标准体系的完善度和适应性。同时，他们还将与相关机构和行业协会合作，推进共享服务标准的修订和发布，促进共享服务行业的良性发展，为企业提供更加优质、高效的共享服务。

二、企业财务共享服务标准化体系的内容

（一）总则

财务共享服务标准建设旨在为中国企业提供具体的指导和参考，促进财务共享服务的规范化和标准化发展。通过明确定义的标准体系，企业能够更好地规划共享服务的建设，并优化信息系统、加强运营管理、推动财务共享服务的业务发展。同时，标准体系还强调了人才培养与资格认证的重要性，为企业提供相关培训和认证机制，提升共享服务团队的专业素养和能力水平。

财务共享服务标准的建设还能够促进中国企业财务共享服务的发展。在标准化的指导下，企业能够更加高效地提供财务共享服务，实现资源的优化

第四章　财务共享服务引领财务转型

和共享。同时，标准的制定还能够帮助企业规避风险、降低成本、提高效益，提升企业的竞争力和可持续发展能力。

通过财务共享服务标准建设，中国企业可以更好地应对共享服务建设中的挑战和问题。在一个具备统一标准和规范流程的环境中，企业可以更加便捷地进行共享服务建设，并与各方实现信息的高效交流和协同合作。标准也能够帮助企业明确共享服务目标和要求，减少沟通误差，提高工作效率。

财务共享服务标准建设还对中国企业财务管理领域的发展具有积极的推动效应。通过规范财务共享服务的标准和流程，企业可以更好地进行财务管理和决策，提高财务指标的监控和分析能力，实现更加精准的财务控制和预测。

（二）财务共享服务信息技术标准

为促进财务共享服务的顺利进行和高效运营，需要明确信息系统/平台应具备的功能，并提供相应的标准要求。这些要求涵盖了企业财务共享服务信息技术平台的规划建设、功能应用、集成开发以及运营维护等方面。其中，财务共享基础信息系统的功能及技术运用、基础系统的功能扩展与集成开发、自动化和智能化应用，以及共享大数据平台的架构和功能都是要重点考虑的因素。除此之外，对财务共享信息系统/平台的建设和运营进行风险分析，并提出相应的应对措施，也是十分必要的。

明确财务共享服务信息系统/平台的功能需求非常重要。通过明确功能需求，可以确保信息系统/平台满足企业财务共享服务的实际需求。这包括基本的数据录入和处理功能，财务报表的生成和分析功能，以及实现财务共享服务的流程管理、任务分配和协同工作的功能。此外，还需要考虑财务共享服务信息系统/平台与其他系统的集成和数据交互，确保与企业的财务系统、人力资源系统等各类系统的无缝衔接。同时，应结合自动化和智能化技术，提供更高效、更智能的财务共享服务功能，如人工智能辅助决策、自动化报表生成等。

基于现代技术的发展，共享大数据平台的建设也是财务共享服务的关键要素之一。这样的平台可以承载大量的财务数据，提供全面的数据管理和分析功能,为企业的决策提供支持。通过对数据进行挖掘和分析,企业可以发现潜在的商业机会或风险,优化资源配置和战略决策。同时,共享大数据平台的架构应考虑数据的安全性、可靠性和隐私保护等方面的需求,确保数据的完整性和机密性。

这些风险可能涉及数据安全和隐私保护、系统故障和意外停机、数据集成和处理的准确性等方面。通过科学的风险分析,企业可以识别潜在的风险点,并采取相应的防范和控制措施,确保财务共享信息系统/平台的正常运行和数据的安全。

(三)财务共享服务业务标准

财务共享服务是一种重要的组织模式,为企业提供高效、便捷的财务管理支持。为了确保财务共享服务的质量和一致性,业务标准的制定尤为重要。财务共享服务的业务标准主要划分为总体业务规范、具体业务规范和业务发展阶段评价规范三个部分。

具体业务规范细化了财务共享服务的业务范围,将其划分为财务共享基本业务和财务共享创新拓展业务两类。基本业务规范详细描述了企业经济活动各个环节的会计核算、资金结算和报表出具等关键业务场景,确保财务共享服务能够准确记录和处理企业的财务数据。

(四)财务共享服务运营管理标准

首先,财务共享服务的规范化需要关注服务产品的研发。通过制定具体的服务产品标准和规范,明确服务的内容、流程、要求和交付标准,确保提供的服务与客户需求的一致性。同时,针对不同业务需求,可拓展不同的服务产品,满足多样化的客户需求。

建立绩效评价体系,明确相关岗位的职责和目标,通过设立关键绩效指标,对员工的工作表现进行衡量和评估。

建立客户关系管理体系,包括客户需求调研和分析、客户沟通与服务反馈机制、客户关系维护和发展计划等。通过主动沟通、高效响应和优质服

第四章　财务共享服务引领财务转型

务，提升客户满意度和忠诚度，建立良好的合作关系。

其次，质量管控是财务共享服务中心运营的重要保障措施。制定质量管理标准和流程，建立质量控制体系，包括质量检查、内部审核和问题处理等。通过严格的质量管控，确保财务共享服务的准确性、及时性和可靠性，提高服务的质量和可信度。

最后，风险防控是财务共享服务中心运营管理的关键环节。建立风险管理体系，包括风险识别、评估和控制的机制，制定相应的风险预案和风险应对措施。通过风险防控，提升服务的可靠性和稳定性，减少潜在的风险对企业造成的不利影响。

以上涉及制定一系列的操作规范和流程，引入先进的信息技术和平台，加强数字化转型，提高数据的利用效率和决策能力。通过对运营管理规范的不断完善和优化，财务共享服务中心能够更好地支持企业的战略实施，提高运营效率，实现组织价值的最大化。

（五）财务共享服务人才培养

职业规划和人才发展是财务共享服务领域中一个重要的方面，它帮助从业人员了解自己在职业生涯中的成长路径，并明确所需具备的能力。为了满足企业需求和人才成长发展的需要，建立完善的人才培养方案和人才评价体系至关重要。这些方案和体系包括根据能力需求制定的人才培养目标、培养内容、课程建设，以及全面的人才评价体系，其中包括评价主体、评价对象、评价程序、评价方式等。

职业规划对个人的职业发展起到了重要的指导作用。在财务共享服务领域，人们可以参考相关的职业规划指南，了解各个职业发展阶段所需具备的核心能力和技能。通过明确自己当前所处的职业阶段，个人可以针对性地开展学习和培训，以提升自身的专业能力和素质水平。此外，人们也可以参考成功经验，向行业内的资深人士寻求职业建议和指导，从而更好地规划自己的职业道路。

在企业层面，为了培养优秀的财务共享服务人才，建立与完善人才培养方案是必不可少的。首先，企业需要根据自身的发展需求和战略目标制定明确的人才培养目标。这些目标应该与财务共享服务的核心业务能力和技能需求相匹配。其次，企业可以设计具体的培训内容和课程，并结合实际情况选择适合的培训方式，例如线上学习、内部培训或外部培训等。通过有针对性的培训，可以提高从业人员的专业水平和综合素质，促进他们在财务共享服务领域的职业成长。

除了人才培养方案，建立与完善人才评价体系也是至关重要的。人才评价可以帮助企业了解从业人员在财务共享服务中的表现和发展潜力，有助于识别潜在的优秀人才，并为其提供更好的职业发展机会。一个完整的人才评价体系应该包括评价主体（如领导、专家）、评价对象（从业人员）、评价程序（如自评、上级评价、同行评价）和评价方式（如绩效考核、能力评估、360度评价）。通过科学客观地评价从业人员的表现和能力，企业可以更好地指导和激励他们的职业发展。

三、财务共享业务流程标准化建设思路

流程设计是流程管理的核心内容，共享服务模式作为一种新的管理理念、管理方法，必将引发财务共享服务中心流程的变革和优化，因此，完善流程设计工作至关重要。主要工作包括梳理业务场景、完善流程框架、设计业务流程和系统流程。

（一）梳理业务场景

业务场景梳理应遵循"全业务覆盖、全流程覆盖"的原则。全业务覆盖是指对于拆分至财务共享的各类业务，流程设计要覆盖全部业务类型。全流程覆盖是指纳入FSSC的业务流程要从业务发生的第一个动作开始，直到事项结束，不遗漏任何一个环节。从梳理方法上，可以从两个途径着手进行。

（二）完善流程框架

流程框架确认的方法：进行业务活动分解时，通常存在两种分解方式：一是按照阶段（时间顺序）进行分解；二是按照场景（业务形态）进行分解。

（三）设计业务流程

因财务共享模式引起的财务转型，在业务流程设计上要充分考虑共享财务、业务财务、与财务衔接的本地业务的职能划分，针对每项财务工作进行分析、判断，并结合实际业务需求情况，将可标准化、流程化、信息化程度高的业务纳入共享财务，将个性化业务、与业务部门强相关的业务划入业务财务。

（四）设计系统流程

财务共享模式下企业级信息系统的突出特点是高度集成、高度协同。企业应关注信息系统的顶层设计，通盘考虑各个系统之间的关系。系统间关系主要体现为纵向关系与横向关系。

第三节　财务共享服务中心的运营与优化

一、财务共享服务中心运营管理优化的必要性

（一）运营管理优化是有效发挥共享服务模式优势的关键所在

优化财务共享服务中心的运营管理是解决业务处理效率和质量问题、发

挥其规模与成本优势的关键。财务共享服务的核心是利用信息技术和数字化技术，将分散在各区域的财务核算和报表业务进行集中运营管理，通过流程拆分、标准化和自动化，实现高效集成的规模化服务。为了实现这一目标，对财务共享服务中心的运营管理进行持续的优化和改进至关重要。

财务共享服务中心运营优化的关键是要全面考虑质量、效率和成本等因素，并针对这些因素进行逐一分析。首先，要建立健全运营管理体系，包括规范流程、明确岗位职责、信息系统的协同与集成等方面。通过流程的拆分与标准化，确保业务的高效运作和质量的可控。其次，要推动自动化技术的应用，通过信息系统的支持，实现财务共享服务的数字化管理和业务自动化，提高处理效率和准确性。同时，可以利用数据分析和挖掘技术，深入理解业务规律和趋势，提供更有效的决策支持。最后，还应注重人员培养与绩效管理，提升团队的专业素养和运营能力，确保团队的协同合作和业务质量。

财务共享服务中心的运营管理优化不仅是在构建阶段需要考虑的问题，而且在运营阶段也需要持续进行改进。持续优化可以通过定期的性能检查和评估来实现，及时发现问题和不足，并采取相应的纠正措施。此外，要积极借鉴行业的最佳实践和先进经验，与其他企业、机构进行经验分享和合作，共同提升运营管理水平。

通过优化运营管理，财务共享服务中心可以更好地发挥其规模化和成本优势。高效的业务处理和质量控制将有效提升财务共享服务的效率和准确性，降低运营成本和风险。同时，优化运营管理还能够为集团企业实现管理目标提供有效的手段，促进财务共享服务中心的持续发展和壮大。

（二）促进内外部客户满意度、认可度的提升

财务共享服务中心在建立后需要重视客户满意度的提升，以确保其发展和壮大。

要提升财务共享服务中心的客户满意度，以下几个方面是值得关注的。

提高服务质量与效率：核心任务是为集团企业提供高质量、高效率的财务服务。财务共享服务中心应不断完善运营流程，优化服务流程，提高工作

第四章　财务共享服务引领财务转型

效率，确保及时、准确地处理各类财务事务。同时，建立健全问题解决机制，主动向客户了解需求与反馈，及时解决问题，增强客户信任感。

专业团队建设：通过招聘和培训高素质、高技能的人才，打造专业化的团队。这些团队成员应具备财务知识和技能，熟悉相关法规和政策，能够为客户提供专业、全面的咨询和解决方案。此外，还应注重团队协作与沟通能力的培养，以提高服务团队的整体素质。

制定明确的服务承诺和指标：为了确保客户满意度的提升，财务共享服务中心应制定明确的服务承诺和指标。这些承诺和指标应涵盖关键绩效指标，如处理时间、准确性、问题解决效率等。同时，建立有效的监控和评估机制，定期对服务水平进行评估，并及时改进。

强化客户关系管理：积极与客户进行沟通与合作，建立良好的客户关系管理机制。通过定期的客户满意度调查，了解客户需求和意见，及时调整服务策略。此外，可以通过组织客户交流会议、分享最佳实践等方式，加强与客户的互动与合作，提升客户对财务共享服务中心的认可度和满意度。

持续改进与创新：财务共享服务中心应不断进行自我评估和改进，保持与时俱进。关注客户的变化需求，紧跟行业发展趋势，引入先进的技术和工具，提供更便捷、智能化的财务服务。同时，鼓励员工提出改进意见和创新思路，激发团队的主动性和创造力。

（三）适应公司业务未来发展的需要，持续支撑公司战略落地

在财务共享服务中心的设计过程中，首要任务是通过深入了解企业的战略方向和业务需求，明确财务共享服务中心的定位和目标。这要求对公司的战略规划、核心业务、业务流程以及相关的信息系统进行全面的分析和评估，在此基础上制订财务共享服务中心的设计方案。

设计财务共享服务中心时，需要综合考虑以下几个方面。

首先，要重新定义财务共享服务中心的职责和范围，明确其在公司内部的定位和角色。

其次，要进行业务流程的再造和优化，通过标准化流程、流程拆分和自动化技术的引入，提高业务处理效率和质量。同时，要考虑信息系统的架构

和规划，确保满足财务共享服务中心的信息需求，并提供强大的数据分析和决策支持能力。

再次，财务共享服务中心的构建还需重视人才的引进和培养。建立一个专业化的团队，使其具备财务专业知识和技能，并具备良好的沟通和协作能力。通过培训、知识共享和团队协作，不断提升团队的能力和素质，为财务共享服务中心的运营管理提供强有力的支持。

最后，财务共享服务中心的设计和构建应与公司的战略目标相匹配，紧密结合公司的发展需求和战略规划。财务共享服务中心不仅要满足当前业务的需求，还要具备一定的扩展性和灵活性，以适应未来业务发展的变化和需求。因此，在设计过程中要考虑到应对市场变化、发展新业务和引入新技术的能力，并与公司的战略发展保持紧密衔接。

（四）实现业务增值，提升共享服务中心的价值

财务共享服务中心在优化运营管理上具有多方面的潜力。

首先，通过优化业务分工和协同工作机制，可以提高业务处理效率和质量。财务共享服务中心可以将核算和报表等基础业务集中于一个中心，通过业务流程的标准化和自动化，提高处理效率，并减少重复劳动。此外，通过打破职能划分的边界，可以促进不同部门和岗位之间的沟通与合作，提高协同工作的能力。

其次，通过共享服务中心的数据集中归集和数据分析平台的优势，可以进行更深入的数据挖掘和业务增值分析。财务共享服务中心可以汇总各个部门和业务的数据，进行统一的数据管理和分析，为公司的业务发展提供更准确和全面的数据支持。通过数据分析，可以发现潜在的商业机会和风险，并提供相应的增值服务，如预测分析、成本控制和投资决策等，为企业提供有针对性的服务。

最后，财务共享服务中心还可以针对业务层和管理层的需求，提供定制化和更精细化的服务。对于业务层来说，财务共享服务中心可以提供更快速和精准的财务支持，满足业务发展的需求，如业务流程优化、成本管理和预算控制等。对于管理层来说，财务共享服务中心可以提供全面的财务数据分

第四章 财务共享服务引领财务转型

析和报告,为决策提供可靠的依据,如财务指标分析、经营报告和风险评估等,帮助管理层做出更明智的决策。

二、运营管理存在的问题与面临的挑战

(一)内控执行难度倍增

财务共享服务中心的集中管理在某种程度上确实带来了一些挑战。通过将分散在各区域的分子公司账务处理与资金支付业务进行集中,分子公司不再具有相应的权限。

面对这些挑战,财务共享服务中心需要进行有针对性的改进和优化。首先,可以加强内部审计和风险管理,在流程中增加审批环节,确保会计账务业务的准确性和合规性。其次,可以采用先进的技术手段,如人工智能和大数据分析,提高内控的执行效率和准确性,从而减少遗漏的风险。最后,可以建立紧密的协作机制,保证共享财务与业务财务之间的密切合作,及时解决问题和交流信息。

财务共享服务中心在面对内控执行难度倍增的情况下,应该积极应对,并不断优化和改进内控机制,以确保财务管理的稳定性和可靠性。只有这样,才能更好地提升财务共享服务中心的价值,为公司的管理创新和价值提升提供有效支持。

(二)业务处理的质量有待提升

共享服务中心在处理公司业务范围时,各流程都有既定的统一作业标准。然而,由于这些标准源自公司的制度规定,往往存在细化不足、模糊和需要人为判断的问题。这导致共享服务中心的工作人员对标准的理解和执行存在差异,从而导致同一业务处理标准和结果不一致,进而影响了业务质量的一致性。

针对这些问题，共享服务中心需要采取一系列措施来提升业务质量的一致性和标准化水平。首先，需要对作业标准进行细化和明确，以减少人为判断的空间，并确保工作人员对标准的理解一致。其次，应加强区域之间的沟通与协调，理解并满足不同区域的个性化需求，确保业务在各地符合要求。同时，共享服务中心还需要建立一个及时更新作业标准的机制，以便适应国家政策法规和公司制度的变化。最后，还可以通过建立相关的监测和反馈机制，及时修订和更新标准，以确保业务处理符合最新的要求。

（三）流程设计不合理、信息化及数字化系统支撑不足，处理效率和及时性受到影响

共享服务的一个重要特点是注重标准化和统一化，在流程设计上要符合合规性的要求。然而，正是因为这些要求，导致业务单元在提交单据时存在烦琐、耗时长且驳回率较高的问题，从而影响了单据的流转效率和处理效率。除了要及时处理大量的业务单据外，共享服务还需要提供各个业务单元的报表服务。为了解决上述问题，共享服务需要进行一系列优化和改进。

首先，可以通过流程再造和自动化的方式，简化审批流程和附件的提供流程，减少步骤和时间消耗。通过引入数字化工具和信息系统支持，实现单据的快速处理和流转，提高处理效率和效果，并降低驳回率。

其次，共享服务可以考虑引入月结和报表系统的先进技术，提供统一且并行运作的条件。通过优化系统架构和数据处理方式，使得月结和报表系统能够同时处理多家公司的数据，从而能够更加快速和准确地提供各业务单元的报表服务，满足及时的信息需求。

最后，共享服务还可以借助现代技术的发展，引入实时监控和预警机制，提高单据处理和报表分析的效率和准确性。通过建立数据仓库和数据分析平台，实现对单据和报表数据的实时监控、分析和预警，以便及时发现和解决潜在问题，提高共享服务的响应速度和质量。

第四章　财务共享服务引领财务转型

（四）客户需求多样化、不断变化，对共享服务期望高

共享服务的需求因不同层级客户和不同阶段而异。在不同层级客户中，需求差异明显。对于公司管理层而言，共享服务的价值体现在多个方面。首先，共享服务能够促进集团管控的增强和合规性的提升。利用共享服务的数据集中归集优势，可以收集和分析来自不同业务领域的数据，提供全面的数据支持，为管理层的决策提供准确、可靠的依据。此外，通过充分挖掘大数据潜力，共享服务能够帮助管理层更好地洞察市场趋势、预测业务发展方向，并优化战略规划。

在快速扩张的背景下，共享服务还能够迅速覆盖新领域，包括对海外业务的承接。共享服务中心可以提供一体化的服务，确保新业务能够快速接入，并与现有业务进行无缝对接，提高整体运营效率和一体化管理能力。特别是对于海外业务，共享服务的统一平台和标准化流程可以降低运营难度和风险，并提供一致和准确的报表和数据，便于管理层对海外业务的监控和决策。

在业务层的需求方面，服务体验是关键。业务层希望在提交业务申请后能够更好、更快地得到受理。共享服务中心应该优化流程设计，简化申请和审批流程，提供便捷的操作界面和工具，提高处理效率和准确性。此外，共享服务还可以借助新技术，如智能化和自动化，提供即时的数据分析和决策支持，帮助业务层更好地了解业务状况和趋势，做出更明智的决策。

（五）岗位价值定位低、人员流动性大，人才培养与留用面临挑战

共享财务人员在传统观念中常被认为是会计流水线上的工人，长期从事低价值的重复性、事务性的账务处理工作。这种观点认为，共享财务人员的工作专业含量低，工作量大，学习机会少，技能提升受限，晋升路径窄。因此，他们的价值定位较低，流动性较大。

尤其在共享财务运营初期，高人员流失率给业务的稳定开展带来了很大的挑战。由于共享财务人员的角色被看作是执行性的，缺乏发展和晋升机

会，这可能导致人才无法得到充分的激励和发展，从而选择离开岗位寻求更好的机会和前景。

对于共享财务人员的价值定位，我们需要重新审视。共享财务人员不仅是简单地处理账务的工作者，他们在公司的财务管理中扮演着重要的角色。他们不仅要熟悉并执行财务流程和制度，还需要具备一定的财务分析和解读能力。通过对财务数据的收集、整理和分析，他们能够为公司的决策提供有价值的参考和支持。

共享财务人员也应该被视为职业发展的一部分。尽管他们的工作可能以重复性和事务性为主，但他们可以通过不断学习和积累经验来提升自己的技能水平。共享财务中心可以为他们提供培训和学习机会，帮助他们拓宽知识领域，提升专业素养。同时，管理层应该给予他们晋升和发展的机会，鼓励他们在共享财务领域中规划自己的职业生涯。

为了改善共享财务人员的人才培养和留用现状，共享财务中心可以考虑以下措施：建立良好的知识分享机制，为员工提供定期培训和学习机会；设立专业化的晋升通道和岗位轮岗制度，激励共享财务人员在职业发展中有所作为；关注和回应员工的需求和关切，提供良好的工作环境和福利待遇，增强员工的归属感。

三、运营管理优化的建议与策略

（一）明确财务内控边界，制定适合共享模式的内控执行标准与方式

共享财务与业务单元财务内控职责划分的拆分与细化是确保公司内部控制体系完整、有效运作的重要举措。在这种情况下，重新明确共享财务和业务财务双方的关键控制活动，并消除内控管理空白地带十分必要。

首先，在客户、供应商与公司往来账务真实性和有效性的内控管理方面，可以由共享财务定期进行函证并出具对账分析报告。

第四章　财务共享服务引领财务转型

其次，针对共享业务量大、业务集中的情况，可以充分发挥财务共享服务中心信息技术平台的优势，提高自动化在内控管理中的应用水平。通过引入先进的信息技术工具，可以实现数据的实时监测、异常预警和自动化报告生成，从而加强对业务流程的控制和监督。同时，与内控职能部门加强沟通交流，提高对自动化、电子化内控方式的信赖度和认可度，以系统线上执行与审批方式为主，最大限度地降低人工审签的风险。

通过拆分、细化共享财务与业务财务的内控职责，加强协同与互动，并利用信息技术平台，公司可以形成闭环管理，实现财务内控管理的完善和优化。这样的做法有助于加强公司内部各个单位之间的合作与配合，充分发挥共享财务和业务财务的优势，提高整体内控效能和风险管控水平。

在实施过程中，随着内控流程的不断优化和数据分析的深入应用，公司可以进一步提升内控的效率和准确性，实现实时监控和精准预警的目标。通过持续改进和学习，公司将不断提高内控管理的水平，保障财务数据的真实性和有效性，为公司的可持续发展提供坚实的基础。

（二）统一处理标准兼顾差异性，构建事前、事中、事后质量管理体系

为了提高共享服务的质量标准，需要与制度部门保持积极沟通，并对制度不明确的部分进行补充和细化，消除理解差异。此外，还需要完善制度审批发布制度，确保在制度下发或更新前能够提前收集共享服务和业务单元的意见，以消除个人自由判断的空间。

通过事前、事中和事后的质量管理，可以始终保持各方对标准的理解和执行的一致性，确保共享服务质量标准符合各方的要求。事前，可以通过积极沟通与制度部门协商，确保制度的明确性和完善性，消除对标准的理解差异。事中，通过流程系统的应用和标准的细化，确保操作的一致性和准确性。事后，通过质量检查制度的建立和执行，对执行标准情况进行监督和评估，及时发现问题并进行整改。

此外，定期的培训和沟通也是确保共享服务质量标准一致性的关键。通过培训，可以向相关人员传达和解释标准的要求，并提供操作指南和案例实

例，以帮助其理解和遵守标准。同时，定期的沟通和交流可以促进各方之间对标准的共同理解和遵守，有效地解决执行中的问题。

第四节 财务共享推动财务转型的路径与对策

一、财务转型的背景

财务共享服务中心是指将原本分散在各个分支机构的财务管理职能集中到一个中心化的部门或机构中进行处理和管理。通过财务共享服务中心，企业能够实现财务管理的集中化与标准化，将不同地区和部门的财务数据进行统一收集和分析，提供全面的财务服务和决策支持。这种模式的出现旨在降低管理成本，提高财务数据的准确性和一致性，并提升企业整体的管理效率和灵活性。

财务共享服务中心的建立带来了许多好处。通过集中财务管理，企业可以缩减分支机构的财务部门数量，从而降低管理成本。通过共享人员和资源，避免了在每个分支机构都设立独立的财务团队的重复投入。同时，财务共享服务中心能够实现财务数据的标准化和一致性，提高核算和报表的准确性，并确保符合各项法规。

财务共享服务中心还能够提供更灵活的财务支持和服务。随着企业规模和业务的不断扩张和变化，财务共享服务中心能够更快地适应和响应业务需求的变化。通过集中管理和资源配置，可以灵活地调整团队人员和专业技能的配备，以满足不同业务部门的需求。此外，财务共享服务中心也可以提供培训和知识共享的机会，增强全员财务意识和能力，提升企业整体的财务管理水平。

财务共享服务中心作为一种创新的管理模式，在全球范围内得到了越来

第四章　财务共享服务引领财务转型

越多企业的应用和认可。对于企业来说，建立财务共享服务中心具有多重优势。首先，它可以实现资源的有效整合和利用，避免各个业务单元之间的资源浪费和重复投入。其次，财务共享服务中心的标准化流程和专业团队可以提供高质量的财务支持和决策信息，为集团公司的战略制定和运营管理提供准确的参考依据。再次，通过财务共享服务中心，企业可以更好地掌握和监控各个业务单元的财务状况，及时发现问题并采取相应的措施。最后，财务共享服务中心还可以提供培训和知识分享，促进组织内部人才的培养和交流，提高员工的综合素质和职业能力。

二、财务转型经验路径总结

（一）转变管理思想，开拓战略新思维

企业集团在追求战略目标的过程中，需要转变传统的财务管理观念。传统的财务管理主要关注业务核算和业务控制。传统的财务职能只考虑自身领域的业务，而现代财务职能则需要从集团整体出发，为实现战略目标提供支持。财务人员必须意识到自身工作的重要性，明确与战略目标的关联，并将战略目标作为工作的轴心。

对于财务人员来说，要以企业战略为导向，深入了解和参与战略目标的制定。财务人员需要具备综合商业洞察力，了解行业趋势和竞争环境，为战略决策提供可靠的财务分析和建议。同时，财务人员也需与其他部门合作，建立战略合作伙伴关系，协同推动战略目标的实现。

在财务职能的转变中，财务管理者需要不断提升自身的专业能力，掌握战略管理和风险管理等知识，致力于成为企业价值管理的重要驱动者。财务人员也需要加强与其他部门的沟通与协作，增进对业务流程和运营的全面理解。通过管理思想的转变和角色的转型，财务人员可以更好地为企业的战略目标和业务发展做出贡献。

（二）结合新技术工具，提升财务效率

企业可以利用互联网交互工具来改善业务流程。这些工具能够提供便捷的在线服务，加快了各项审批和核算工作的进程，同时也减少了纸质文件和人工操作的使用，降低了企业的运营成本。

通过借助互联网交互工具和大数据分析工具，企业可以实现业务流程的灵活性和及时性，提高财务工作的效率，并进一步提升集团的经营能力和财务整体价值。因此，积极应用现代信息化技术已经成为企业集团提升竞争力和适应市场变化的必要手段。

（三）建立风险管控体系，确保信息质量

风险防控是质量管控体系中的重要环节。共享中心应设立专门的风险管理团队，负责评估和把控共享服务过程中的各类风险。通过制定风险防控策略和内部控制措施，及时发现风险，并采取相应措施进行有效的控制和应对。

交叉审核是质量管控体系中的另一关键环节。共享中心应建立交叉审核机制，通过不同团队或不同岗位之间的相互审核，发现和纠正可能存在的错误和偏差，确保会计信息的准确性和一致性。

内部稽核是质量管控体系中的重要环节之一。共享中心应设立内部稽核部门，负责对共享服务过程中的业务操作的合规性和规范性进行全面审计。通过对制度和流程的审查，及时发现潜在问题，并提出改进建议，以提高内部控制的效力。

业务曝光是质量管理体系中的一项重要举措。共享中心应建立业务曝光机制，督促和倡导全员将问题、疑点及时向上反映，使问题得到及时解决，同时也能够及时发现和处理业务中的潜在问题。

质量分析是质量管理体系中的关键环节。共享中心应建立完善的质量分析体系，定期对财务信息的质量进行统计和分析，并通过数据引导和业务支持，提升质量控制的水平。

全流程审查是质量管理体系中的最后一环。共享中心应对共享服务的全

第四章 财务共享服务引领财务转型

流程进行审查,从数据收集、处理、归档等各个环节进行全面的审核,确保操作的合规性和准确性。

这种六位一体的全过程质量管控体系可以帮助共享中心有效降低风险,提升服务质量。通过严密的内部控制和风险防控措施,共享中心能够保障会计信息的真实性和准确性,为企业提供可靠的财务数据和决策支持。在日益复杂和竞争激烈的经济环境下,建立起高效的质量管控体系,是共享中心保持信誉和竞争优势的重要手段。

第五章 财务会计向管理会计转型

在财务会计向管理会计转型的过程中,企业需要重视成本管理、预算控制、绩效评价等方面的需求,以支持管理层进行战略决策和资源配置。通过采用先进的成本计算方法、预算规划技术、绩效评估体系等,管理会计能够提供更精准、及时的内部决策支持。

第一节　财务会计与管理会计概述

一、财务会计和管理会计的主要区别

（一）服务部门有差异

财务会计主要基于会计法和会计标准的规定，通过确认、计量和记录企业的财务情况，编制出规范的财务报告。同时，财务会计也需要及时向企业的外部相关人员提供准确的财务状况和经营成果等反馈信息。财务会计的工作主要面向企业外部，为外部利益相关者提供财务信息和决策依据。

财务会计和管理会计在企业中的工作重心存在差异。财务会计主要关注企业对外部的财务报告和信息披露，为外部的投资者、股东、政府监管机构等提供相关财务信息，反映企业的经济状况和运营情况。财务会计以财务报告的编制为核心，强调合规性，保证财务数据的准确性和可靠性，为企业的外部关系工作提供服务。

而管理会计更加注重企业内部的管理决策和内部控制。管理会计根据企业的战略目标和经营情况，通过统计和分析内部数据，为企业内部管理者的决策提供信息支持。管理会计关注于企业内部的资源分配、绩效评估、成本控制等方面，帮助企业实现效率和竞争力的提升。

（二）计量方式不同

财务会计和管理会计在企业中扮演着不同的角色。财务会计主要以货币为计量单位，采用复式记账的方式记录和核算企业运营生产的支出和收入。它整合和统计企业内外部发生的各种交易，并处理财务会计相关的工作。

财务会计受到公认会计准则的限制和约束，需要遵守一系列的规定和规

第五章 财务会计向管理会计转型

范。这是为了保证财务报告的可比性和信息的透明度，使投资者、债权人和其他利益相关方能够了解企业的财务状况。然而，管理会计相对灵活，可以根据不同的管理需求设计相应的指标和方法。它更加强调对未来业绩和发展的预测和规划，为管理者提供决策支持。

财务会计和管理会计在企业的财务管理中起到了互补的作用，共同促进企业的稳定发展。

（三）职责范围不同

财务会计的主要职责是反馈和报告企业的运营效益和财务状况，记录企业的交易和产生的业务。财务会计要求精确和严谨，可归类为保障型会计。

而管理会计从根本上看可以归纳为经营会计，其主要职责包括预测、决策、规划、控制和考核。管理会计的工作涉及如何符合内部决策者的需求。然而，相对于财务会计，管理会计缺乏严格的标准和统一性的协同。管理会计更加关注内部的经营决策和控制，着眼于为管理者提供信息支持。

财务会计是为外部利益相关者提供财务信息和决策依据的，其报告和信息需要遵循一定的准则和规定，以确保信息的准确性和可比性。财务会计的目标是向外部透明地传递企业的财务状况和经营成果。通过财务报表和会计账务的编制，可以向投资者、股东、政府监管机构等外部利益相关者提供准确的财务数据。

管理会计则更关注企业内部的经营决策和控制。其目标是为内部管理者提供包括成本管理、绩效评估、预测和规划等方面的信息支持。管理会计的工作侧重于内部的业务分析、资源分配和目标实现。

二、网络环境下对企业财务会计和管理会计的要求

在网络时代的大背景下，企业需要对内外部的发展进行调整，以适应不

断变化的网络环境。在这个过程中，我们需要不断提升企业的经济效益，提高对数据分析的重视。财务工作人员应该具备数据分析的能力，能够利用现代化的财务软件和工具，从庞大的数据中提取有用的信息，发现潜在的商机和风险，并提供策略性的建议。只有通过深入的数据分析，财务部门才能更好地为企业的决策提供支持，推动企业做出明智的战略和运营决策。

同时，财务工作人员也需要及时掌握市场的变动和企业的发展方向。他们应该紧密配合战略部门，了解市场趋势、竞争对手的举措以及新的商机。这样，他们才能将所掌握的信息有效地应用于工作中，为企业提供有关财务方面的战略建议和决策支持。

三、财务会计与管理会计融合对企业财务管理的意义

在新形势下，企业会计领域的两大分支——财务会计和管理会计存在着割裂问题，工作内容上也存在较严重的重叠现象，导致会计信息分析效率下降。为解决这些问题，财务会计和管理会计的融合变得越发重要。通过融合，可以提高会计信息的共享程度，减少企业的经营管理成本，同时提高会计信息的质量，避免出现重大的决策失误，对提升企业的核心竞争力起到促进作用。

财务会计与管理会计的融合不仅可以促进会计信息在企业内部的共享，还能够为各个职能部门提供更准确和及时的会计信息，从而提高各部门的工作效率和合作效率。通过融合，可以降低各种会计信息的获取成本，加强财务信息与非财务信息的融合与运用，为企业的经营管理提供更好的支持。

在财务会计与管理会计融合后，企业能够更加全面地把握经营情况和财务状况，实现信息的高效共享和整合。财务会计和管理会计的合作能够使企业在决策制定、预测规划、成本控制等方面更加精准和高效。而且，融合后的会计信息可以为企业战略制定、资源配置和绩效评估提供更全面的数据支持，有助于企业根据市场变化做出更准确和及时的决策，提升企业的竞争力和可持续发展能力。

第五章　财务会计向管理会计转型

四、企业财务会计向管理会计转型的应对策略

加强内控在企业转型中扮演着重要角色。良好的内控机制能帮助企业有效管理风险、防范财务漏洞，并确保财务信息的准确性和完整性。在转型过程中，企业面临着多重挑战和变数，如市场竞争激烈、战略调整、组织结构变化等，因此内控规范的建立和落实至关重要。通过明确财务流程和业务活动中的风险点，企业可以制定相应的内控措施，规避潜在风险，保障企业转型工作的顺利进行。

在转型过程中，新会计准则的应用也需要企业的积极配合和准确把握。企业应熟悉新准则的要求，结合实际需求和发展方向，建立具有实用性的财务管理体系，以确保财务工作的高效运行。同时，通过利用信息技术构建内部的信息沟通共享平台，可以加强部门间的沟通交流，提高工作效率和质量。信息技术的应用可以促进企业内部各部门之间的紧密合作，实现信息共享和业务数据的高效流通，为转型工作提供更好的支持。

第二节　管理会计的形成与发展

一、对管理会计特点的分析

（一）管理方式多样化

管理会计是针对企业内部经营模式的一种会计方法，其主要目的是针对内部管理模式存在的问题提出相应改进经营的措施。与传统的财务会计不同，管理会计更加灵活，不受社会公认会计原则的制约，其管理范围广泛，

方式多样。在企业内部的经营管理过程中，管理会计可以关注整体的经营管理，同时也能兼顾到细分区域的经营管理。

管理会计的主要特点之一是注重经营决策的支持。通过收集、处理和分析内部的会计信息，管理会计能够为企业的决策者提供准确、及时的数据支持和决策依据。管理会计将会计信息与经济、市场等多方面的信息相结合，为决策者提供全面的经营管理分析。

另一个重要特点是管理会计强调成本管理。管理会计关注企业内部的成本控制和成本分析，帮助企业找出成本效益不理想的环节，并提出相应的改进措施。通过对成本进行分析和管理，企业可以提高资源的利用效率，降低生产成本，提升竞争力。

此外，管理会计还强调绩效评估和激励机制。通过实施绩效评估，管理会计可以对企业各个层面的表现进行评估和比较，发现问题，并激励员工提高业绩。绩效评估的结果可以为企业落实激励和奖励制度提供依据，推动组织的持续改进和发展。

（二）可以广泛地运用数学方法

运筹学是一门研究如何在有限资源下做出最佳决策的学科，它通过数学方法优化资源分配和决策制定，为管理会计提供了有力支持。例如，线性规划、整数规划、动态规划等运筹学方法可以应用于企业的生产计划、库存管理、运输调度等方面，帮助管理者实现资源最优配置和降低成本。这些方法通过建立数学模型，对不同的经营决策进行量化分析，提供决策依据，提高企业的运营效率和竞争力。

另外，数理统计学也在管理会计中扮演着重要的角色。数理统计学通过收集和分析数据，揭示数据背后的规律和趋势，提供决策支持。例如，管理会计可以借助统计学方法对市场需求进行预测、对销售数据进行分析，以便更好地进行产品定价和市场营销决策。此外，统计学还可以用于风险评估和财务分析，帮助企业管理者识别潜在的风险和机会，做出科学决策。

第五章　财务会计向管理会计转型

二、对管理会计形成的分析

（一）产生阶段

管理会计作为一种会计方法，诞生于20世纪初的英国。当时，英国正处于工业革命时期，经济迅速发展，企业的经营管理权得以独立。

在这一时期，各种数学和数理统计的知识与会计管理相结合，并应用到会计管理的方法体系中。这样的综合运用使得管理会计更加科学、精确。

管理会计不仅关注成本管理和控制，还强调对企业各项经济活动的监督与控制。通过综合运用数学和数理统计的知识，管理会计能够提供准确、定量的信息，支持企业决策，优化资源配置，提高效益和竞争力。

综上所述，管理会计的发展与英国在工业革命后的经济发展和企业管理权独立化密切相关。随着美国在企业管理理论上的领先与泰罗《科学管理原则》的发表，管理会计逐渐成为企业管理的重要工具。

（二）形成阶段

第二次世界大战结束后，资本主义生产力迅速发展，企业规模不断扩大，跨国大公司不断涌现，国内外企业之间的竞争日益激烈。面对这样的情况，企业逐渐改变了管理重心，为了提高市场竞争力，它们需要不断改进经营管理并积极开拓市场。

在企业管理过程中，职能管理和行为科学管理得以推行。通过职能管理，企业可以调动员工的积极性，提高工作效率。同时，企业也注重对市场的调查和研究，根据市场的变化制定相应策略。这种市场导向的管理方法强调科学预测和科学决策，逐渐形成了适应市场竞争的管理会计系统，包括预算、决策、控制以及考核和评估等方面。

随着管理会计的形成，传统的会计逐渐演变为财务会计和管理会计两个独立的管理体系。现代管理科学的发展为现代管理会计奠定了理论基础，使其拥有科学的管理方法和技术。通过管理会计，企业能够更好地进行成本控制、预测市场需求、制定销售策略等，从而提高经营决策的准确性和市场竞争的效益。

三、对管理会计发展的分析

管理会计在20世纪70年代以后开始在全球范围内得到广泛发展。当时，美国成立了管理会计师协会，并出版了专门的管理会计刊物，使得管理会计逐渐走向舞台，并与财务会计有了规范的区别。中国在1980年巴黎召开管理会计人员联会后接触到管理会计，1979年出版了第一本管理会计的书——《管理会计》。

在会计管理的发展过程中，战略管理会计注重适应环境变化，得到了良好的发展。战略管理会计注重整合内外部环境信息，通过分析企业的战略目标和竞争优势，为企业的决策制定和执行提供支持。战略管理会计的发展使得管理会计更加贴近实际运营，强调企业长期战略规划、风险管理和绩效评价。

随着全球经济的不断变化和发展，管理会计将继续适应新的挑战。在日益激烈的竞争环境中，企业需要充分发挥管理会计的作用，实现资源的优化配置和增强核心竞争力。管理会计将不断发展，拓展新的领域，为企业做出明智的决策和创造持续增长的价值。

首先，现代管理会计需要将数量经济分析、数理统计推理、风险管理和现代决策论等技术广泛应用于会计管理学中。这些工具和方法可以帮助企业更好地分析和解读数据，为决策者提供定量的信息支持，从而使决策更加科学和准确。通过运用这些技术，企业可以更好地理解自身在市场上的竞争地位，制定更有竞争力的策略，优化成本管理，并进行有效的业绩评价。

其次，现代会计管理需要注重信息化。随着科技的发展，电脑技术在会计管理中的应用也日益重要。信息化可以提高会计数据收集、分析和报告的效率，降低人工操作的错误率，并且提供更灵活和及时的决策支持。通过适应信息化的趋势，企业可以更好地应对市场的变化和挑战，提升内部运营效

第五章　财务会计向管理会计转型

率，增强竞争力。

战略管理会计的发展离不开理论与实践的紧密结合。企业需要不断关注管理会计领域的最新研究成果，并将其运用到实际经营中去。通过与国内外企业的比较，不断提升自身的会计管理水平，才能取得长期竞争优势。

四、制约管理会计发展的主要因素

（一）基础教育落后

管理会计是现代企业管理中不可或缺的一部分，它通过采集、分析和报告数据，为管理者决策提供有力支持。然而，目前管理会计的基础教育存在一些问题，缺乏统一和规范性。

首先，我们注意到在管理会计教材的结构和内容方面存在多样性。不同教材使用的词语和方法不尽相同，缺乏统一性。这给学生学习带来了困扰，也限制了知识的传递和理解。为了提高管理会计教材的质量，需要建立一个统一的结构框架和标准化的内容体系，使教材之间更加协调一致，便于学生学习和教师教授。

其次，管理会计的教材难度没有很好地分层次。与普通会计教材相比，管理会计教材往往缺乏对不同文化层次和企业类型需求的差异化教学。这导致学生在学习过程中可能遇到困难，不能有效地将所学知识应用于实际情境中。为了提高管理会计教学的效果，我们应该根据学生的背景和需要，设计不同层次的教材，确保学生能够根据自己的水平和需求有针对性地学习。

最后，许多管理会计教材在理论上存在着局限性，有些只是外国教材的简单翻译版本，无法完全满足国内企业实践的需求。管理会计理论的研究应该更加注重与企业实践的结合，不断探索适应中国国情和企业需求的管理会计模型和方法。只有将理论与实践相结合，才能使管理会计教育更具实用性和可操作性。

（二）应用范围太窄

管理会计是应用于财务工作中的一种技术方法，它在工业企业中得到了广泛的应用和发展，但很少在建筑行业、交通运输业和行政事业单位等其他行业中应用。这种应用范围的狭窄限制了管理会计的发展。然而，随着不同行业的发展和变化，良好的管理对于各个行业的成功也变得越发重要。因此，引入先进而完善的管理会计技术方法，并利用管理会计信息来支持企业管理是至关重要的。

在整个国民经济系统中，工业企业只是其中的一部分，要推动整个国家经济的发展，需要平衡各个行业的发展。面对这种情况，管理会计领域的专家亟需努力，改变财务人员的观念，调整管理会计的教材体系。

只有适应各行业的需求，引入先进的管理会计方法，才能更好地支持企业的发展和管理，推动整个国民经济系统的繁荣和进步。因此，我们需要加强对管理会计的研究，及时调整教学内容和方法，确保管理会计的广泛应用，为各个行业的发展提供有效的支持和指导。这样，管理会计将成为不同行业的有力帮手，促进企业和国民经济的全面发展。

（三）会计人员素质不高

首先，企业对管理会计的重要性认识不足。许多决策者只将会计部门视为处理财务数据和编制报表的单位，忽视了管理会计对企业决策的支持作用。管理会计能够提供与成本、利润和风险等相关的信息，帮助决策者更好地了解企业的经营状况，制定科学有效的决策。但由于认识不足，企业在管理会计方面的投入和培训还比较有限，导致管理会计的作用无法得到充分发挥。

其次，财会人员的素质和能力欠缺。由于缺乏管理会计知识，财会人员在成本管理、预算编制、绩效评价等方面的专业素养和技能都有待提高。

提升我国企业管理会计水平的重要性不言而喻。企业应该提高对管理会计的重视，增强决策者和财会人员的管理会计意识和能力。首先，企业要加大对管理会计的投入和培训力度，提供必要的学习资源和学习机会，提升财

第五章　财务会计向管理会计转型

会人员的专业知识和技能水平。其次，企业要建立完善的管理会计制度和流程，规范数据采集、分析和报告的方式，确保财务信息的准确性和可靠性。

通过全面推进管理会计的应用，我国企业将能够更好地把握经营状况，做出科学的决策，实现可持续发展。

五、促进我国管理会计发展的合理路径

（一）做好管理会计基础教育

教材的编写是推动学科发展的重要环节。通过编写教材，可以将学科理论和实践经验进行系统整合，使知识更加有条理、易于理解和应用。这需要组织专业人士，如学者、教授和从业者等，共同参与教材的编写工作。他们应具备深厚的学术背景和丰富的实践经验，能够准确把握管理会计的核心概念和方法，并根据不同层次的需求，编写出符合实际情况的教材。

编写教材时，应注重规范化和实用性。规范化包括教材结构的合理安排，内容的系统性和逻辑性，术语的统一定义等。实用性则要求教材内容紧密结合实际情况，注重案例和实例分析，使学习者能够从教材中获取实践技能，并将理论知识应用于实际问题的解决中。

要推动管理会计学科的成熟发展，我们需要编写一套完整、系统和规范的教材，并展开广泛的理论和实践研究。这样才能为学习者提供具有实用性的知识，促进管理会计理论和实践的融合，为企业决策和经营管理提供可靠的支持。

（二）加强管理会计的理论研究

建立中国管理会计师协会，将有利于实现管理会计的标准化和规范化。协会可以制定管理会计的规章制度，推广先进的管理会计实践方法，促进管理会计的标准化，并为企业提供指导和支持。这将有助于提高我国企业管理

水平和企业竞争力。

要构建具有中国特色的管理会计体系，我们还需注重与实际问题的紧密结合。通过深入分析我国企业的管理需求和特点，结合我国目前的经济发展状况和战略目标，从而制定符合中国国情的管理会计方法。这样，管理会计才能更好地为中国企业提供决策支持，促进企业的发展。

在加强管理会计的理论研究过程中，我们需要充分借鉴国际经验，吸收先进的管理会计理论和方法，与国际标准接轨。同时，也要注重本土化的改进和创新，将理论应用到实践中，为中国企业的管理和决策提供更有效的支持。

（三）提高会计人员的素质

通过制定更具针对性的考试内容和标准，能够更好地评估会计人员的能力和素质，提高培养与选拔的有效性。这将有利于培养出一批批适应我国国情的高素质会计人才，为企业和国家的发展提供强有力的支持。

通过提高企业领导者的科学文化素质、培养精明强干的管理会计专业人员、改革会计教育教材，以及完善管理会计的考试系统，我们将能够不断提升管理会计的应用水平和推广程度。这将为企业的决策制定、资源优化和绩效评估等方面提供更加有效的支持。同时，也能够为我国培养出适应时代变化的会计工作人员队伍，为经济的健康发展和可持续增长做出贡献。

六、管理会计的发展趋势

（一）成本计量多元化

预测成本是企业进行经营决策的基础。通过对成本的预测，企业可以合理安排资源、优化生产过程，从而实现成本的控制和节约。预测成本需要综合考虑多方面的因素，如市场需求、成本结构、行业竞争等。企业可以利用

第五章　财务会计向管理会计转型

过去的成本数据和趋势来预测未来的成本变化,并参考相关竞争对手和行业的成本水平进行准确的预测分析。

在成本管理中,决策也是至关重要的一环。企业需要根据成本信息来做出各种决策,如产品定价、生产规模、投资决策等。通过对成本的准确分析和计量,企业可以对不同的决策方案进行评估,并选择最优方案来实现利润最大化。

同时,成本管理还包括计划、核算、控制、考核和分析等功能。通过制订合理的成本计划、建立有效的成本核算体系、实施成本控制措施、进行成本考核和分析,企业可以全面了解成本状况,为企业的经营决策提供有力的支持。

(二)智力资产重要性

智力资产在知识经济中具有非常重要的地位,不容忽视。智力资产包括专利权、商标权、商誉、计算机软件以及人才的开发和引进。这些资产不仅代表了企业的创新能力和核心竞争力,也成为企业在市场上获取竞争优势的重要手段。

首先,专利权是智力资产中的一种重要形式。它保护了企业的创新成果,确保企业在市场上的地位,为企业带来巨大的商业价值。拥有专利权可以有效地防止他人模仿和抄袭,为企业提供持续的竞争优势。

其次,商标权是另一种重要的智力资产形式。商标是企业的品牌标识,是企业形象和信誉的重要组成部分。

再次,商誉也是智力资产中的一项重要内容。商誉是企业在市场上积累的声誉和信誉,是企业品牌价值和市场地位的重要体现。具有良好的商誉可以为企业赢得更多客户的信任,创造更大的经济效益。

从次,计算机软件也是当今企业不可或缺的智力资产之一。随着信息技术的迅猛发展,计算机软件在企业的日常运营和管理中扮演着重要的角色。拥有有效的计算机软件可以提高企业的工作效率,优化业务流程,实现更高水平的自动化和智能化。

最后,人才的开发和引进对于企业的发展同样至关重要。在知识经济时代,人才是推动企业创新和发展的核心要素。企业需要注重培养和吸引高素质人才，建立起具有竞争力的人才队伍，并通过不断的学习和知识更新来提升企业的综合竞争力。

第三节 管理会计的业务系统构建

一、管理会计系统构建的重要意义

管理会计作为一种服务于企业管理的工具，对企业战略规划、运营管理、预测决策等方面都起着至关重要的作用。它能够整理和加工企业历年的财务数据，形成分析报告，监督企业的实际经营情况，并及时应对可能出现的问题。

智能化管理会计系统的构建具有重要意义，通过精密的计算机软件来代替人工进行数据分析和处理，可以提高可靠性和准确性，并能更好地适应复杂的外部环境。智能化管理会计系统能够自动收集、整理、分析和预测数据，为企业决策提供更加有力的支持。它能够高效地处理大量数据，快速生成准确的报告，让企业管理者能够更好地了解企业的运营状况和发展趋势，进而做出明智的决策。

智能化管理会计系统的构建不仅能够提升数据处理的效率和准确性，还能够减少人力资源的浪费和降低操作风险。通过庞大的数据存储与精确的计算，智能化管理会计系统能够提供全面的数据分析和决策支持，帮助企业更好地应对市场竞争和变化，为企业的发展提供强有力的支撑。

因此，智能化管理会计系统的构建是迈向未来的必然选择。它不仅提升了管理会计的效能和精度，还为企业的决策管理提供了更加可靠的数据支持。通过将人工智能与管理会计相结合，企业可以更好地把握市场机遇，应对挑战，实现稳健发展。

第五章　财务会计向管理会计转型

二、管理会计系统构建的总体架构

管理会计作为一种内部管理信息系统，运用财务指标与非财务指标对企业的营运情况和业务情况进行盈利性分析，为企业的经营决策与业绩评价提供支持。在构建管理会计体系时，应考虑预算管理体系、责任会计体系、成本管理体系和资金管理体系这四个基本要素。

预算管理体系以全面预算管理为核心，通过全员、全过程的控制，对企业的经营活动进行预算编制和执行监控，以实现企业战略目标。责任会计体系以责任中心会计为核心，将企业拆分成不同的责任中心，并实施多维度的管理，从而适应不同部门特点和实现绩效目标。

智能化管理会计系统的构建将为企业提供更强大的管理工具和手段，实现信息化与智能化的有机结合。它能够帮助企业实现更高效的数据处理和决策管理，提升管理会计的准确性和可靠性。通过智能化管理会计系统，企业可以更好地把握市场情况、优化资源配置、发挥竞争优势，推动企业的持续发展。

管理会计是现代企业管理的重要手段之一，智能化管理会计系统的构建是管理会计的重要发展方向。随着科技的进步和企业管理需求的不断变化，智能化管理会计系统将为企业带来更大的竞争优势和发展潜力。企业应积极探索和应用智能化管理会计系统，将其作为提升管理水平和竞争力的重要工具，实现科技和管理的良性互动，推动企业向着更高效、智能和可持续的方向发展。

三、企业构建管理会计系统的目标

管理会计近年来越来越重要，尤其是在建筑企业运营中，通过对管理会计理论的完善和发展体系的建制，使得管理会计为企业发展带来巨大的推动作用。建筑工程企业目前的确存在不专业、管理不完善的问题，在企业发展战略、经营活动、科学安排等方面，通过管理会计的完善，让企业能够在管理会计体系建立后迎来更大的发展空间。建筑施工企业的经营有自身的特征，如施工周期较长，施工地点、施工项目不固定，施工项目需要一次性完成，每个施工项目都要根据具体地点来进行设计。另外，施工专业技能水平也存在良莠不齐的问题，涉及的单位又较多，关系较为复杂。因此，在进行建筑施工企业管理会计体系的建构过程中，要根据建筑施工企业经营的特点灵活应用管理会计体系，以满足建筑施工企业经营服务的需要。

四、构建管理会计系统的具体设计

通过专家系统的推理，可以对企业的财务数据进行分析和处理。这种智能化的分析和处理使得企业能够更好地利用数据，提高决策的准确性和效率。同时，专家系统还可以根据企业特定的管理需求，提供定制化的建议和解决方案，帮助企业进行管理决策。

在管理会计领域中，人工智能的应用对企业具有重要意义。它不仅可以提高管理会计信息的质量和精确性，还可以加强不同部门之间的协作与沟通，促进管理决策的科学化和精细化。随着技术的不断进步和应用的深入推广，人工智能在管理会计领域的应用前景将变得更加广阔。

完善企业会计管理制度，做好制度建设，综合行业特点和企业自身的实际情况，建立合理有效的管理会计制度，规范会计核算流程，强化执行力度，保证企业会计核算工作质量，提高工作效率。设立严格的会计考核工作规章制度，设定会计核算人员的职能和范围，确立管理会计的主体地位，并对相关人员进行责权界定，实现会计职能转变。

以建筑施工企业为例，制定出可行性较强的会计核算工作质量控制体系以及评价体系，确保工作落到实处，保证核算工作规范化，制定出详细的管理工作规范，制定相应的奖惩、激励、岗位问责等制度，端正管理会计人员的工作态度，规范人员行为，不断优化管理会计手段，将先进的计算机信息技术引入管理会计体系中，提高管理会计的工作效率。强化企业内部控制，防范财务风险发生,建立良好的内部控制体系,做好建筑施工企业的内外部会计管理工作,健全内部体系,要做好会计核算这一基础性工作。同时要发挥内部控制的作用,健全企业内部控制制度,强化风险控制意识,充分认识到内部控制的重要性,加强企业内部管理,规范企业各项工作,提升企业竞争力。提升管理会计人员素养,不仅包含专业的水平,也包括职业道德水平。建筑施工企业不断强化管理会计人员的专业素养培训,在管理会计人员培训上满足不断变化的市场环境与需求。

第四节 管理会计转型与信息化建设

一、财务共享模式下促进管理会计信息化建设的意义

(一)提升管理会计信息化水平

经历了从手工记账到电子记账软件如用友、金蝶等的过渡,现如今时效性更强的财务信息化管理系统针对不同企业进行量身定制。

财务共享服务广泛应用于企业管理会计信息化建设中,为企业带来了许多益处。首先,财务共享服务能够提供及时、准确的财务数据和分析报告,帮助企业高效地进行财务管理和决策。其次,财务共享服务通过整合各个部门和子公司的数据,实现数据的透明化和一致性,提高交叉部门和跨地域合作的效率。最后,财务共享服务还能够通过大数据分析和预测,识别企业的潜在风险和机遇,为企业的战略决策提供有力支持。

在财务共享服务的推进过程中,企业需要重视信息安全和数据隐私保护。加强数据的加密和权限管理,建立灵活而可靠的安全体系,保障敏感数据的安全性。

（二）完善管理会计信息化制度建设

通过低投入和低开发成本，企业可以针对不同部门及分支机构的需求进行系统的定制和优化，以实现高效快捷的系统化、专业化和精准化管理。通过这样的优化，企业的各个部门可以更好地利用系统，提高工作效率和管理水平。

通过充分挖掘和分析数据，企业可以获取更多有价值的信息，在决策和管理中提供准确的支持。同时，完善系统的信息处理功能，进一步优化财务共享的服务质量，确保信息的及时性、准确性和安全性。

管理会计信息化的推进将为企业带来许多好处。通过应用先进的信息技术和系统，企业可以更好地整合和利用财务数据和业务数据，提高决策的准确性和效率。同时，管理会计信息化也为企业的财务转型提供了契机，加强了绩效管理，促进了财务共享服务的进一步发展。这些措施将推动企业管理的现代化，提升企业的综合实力和竞争力。

二、财务共享模式下管理会计信息化建设路径

（一）革新管理模式

企业应树立信息化意识，将信息化建设作为企业发展的核心战略之一。首先，企业领导层应带头推动管理会计信息化建设，制定明确的目标和规划，并提供足够的资源和支持。其次，企业应加强对数字化工具和技术的应用，利用大数据分析和人工智能等技术手段来提高管理会计的效能。这样可以实现数据的快速处理和准确分析，为企业决策提供及时、可靠的支持。最后，企业还应注重人才的培养，引进在管理会计信息化领域拥有专业知识和技能的人才，以确保信息化建设的顺利推进和运行。

财务共享模式下的管理会计信息化建设有助于推动企业管理的现代化和数字化转型。通过将管理会计与信息技术相结合，企业能够更好地利用数据

第五章　财务会计向管理会计转型

和信息预测、监控和控制各项业务活动，提高成本管理、绩效管理和投资管理的效率和准确性。此外，信息化的管理会计还能够促进企业相关部门之间的协作和信息共享，提高决策的科学性和准确性，从而提升企业的竞争力和持续发展能力。

（二）优化人才队伍

随着财务共享模式的推进，管理会计正逐渐从纸质化办公转向信息化办公。信息化办公要求会计人员具备扎实的会计基础知识，同时具备处理、分析和应用数据的能力。为了适应信息化工作模式，企业需要合理科学地组织内部的管理会计人员架构，并培养他们适应新理念和新模式的能力。此外，还需要搭建学习交流平台，提升会计专业素养和计算机处理能力。

在实现管理会计信息化的过程中，系统和模块的安全性保障至关重要，因为这关系到企业能否高效处理信息化数据。在财务共享和管理会计信息化双平台下，采取防火墙、追踪技术和加密处理等措施显得尤为重要。因此，在优化人才队伍时，也需要考虑培养复合型会计专业信息化人才，以满足企业对安全性的需求。

财务共享服务下，将企业内部的管理会计信息化发挥到最大价值，可以助推企业实现新的发展。通过信息化办公，企业可以更加高效地处理财务数据和信息，实现数据的共享，提升决策的准确性和及时性。管理会计的信息化还能够提供更多的数据分析工具和报表功能，为企业的经营决策提供更多的支持和参考。

（三）平台融合升级

在财务共享服务下，企业面临重新设计管理会计系统的挑战，但这一过程显然不太现实。设计和开发全新的系统需要高昂的成本和长时间的投入，而后续的维护工作也将是一笔巨大的支出。因此，企业应从内部管理和经营决策的角度出发，准确把握自身的业务需求。

首先，为了达到这个目标，企业需要客观、全面、深刻地剖析未来不同阶段可能面临的问题以及可能产生的影响。通过对潜在风险进行管控，企业可以提前做好准备。

其次，在保证现有平台正常运行的基础上，企业可以参考其他财务系统的管理平台，结合自身需求开发新的管理会计信息化模块。这样的做法可以以较低的成本投入实现目标，同时搭建一个多功能模块体系，融合物资采购、成本管理、预算管理、财务核算与监督等各方面的功能。这样一来，企业可以实现财务共享服务下的信息数据互通互联，为各层级管理者提供可行性财务决策的支持。

在开发新的模块时，即使无法直接关联某些数据，企业也应尽量采取统一的指定标准，以便实现信息数据的横向和纵向对比。这样一来，企业管理者可以更好地进行财务分析和决策，并及时调整战略方向。

三、公司基于财务共享的管理会计信息化问题分析

（一）成本管理信息化实行未覆盖整体

在推行成本管理信息化的过程中，集团应该制订相应的实施计划。首先，需要建立统一的成本管理信息化平台，整合各个子公司和制造厂的数据和系统。这样可以实现数据的共享和流通，提高数据的准确性和及时性。其次，应该制定统一的成本管理流程和标准，确保各个环节的成本可以得到全面细节化的管控。通过系统的数据收集和分析，可以更好地识别和解决成本管控中的问题。

在推进信息化的过程中，还需要加强人员培训和技术支持。为了顺利推行成本管理的信息化，集团需要投入足够的培训资源，提高员工的信息技术能力和业务水平。同时，应该建立专业的技术团队，为各个子公司和制造厂提供技术支持和指导，确保系统的稳定运行和有效使用。

通过信息化的成本管理，集团可以更好地掌握成本管控的情况，提高精益生产和资源利用的效率。同时，集团管理层也可以凭借数据和信息化系统

第五章　财务会计向管理会计转型

的支持，更加全面、准确地进行决策和规划。这将帮助集团提升在全球市场上的竞争力，实现可持续发展。

（二）绩效管理信息化系统未完全落实

在绩效管理方面存在信息化不足的问题，尤其是在绩效评估方面没有充分利用财务共享中心的信息来实现公开透明。目前，公司的做法是由领导对员工进行评价，评价方式并未通过系统公开公示，这可能存在一定的操控性。

针对这些问题，可以考虑在财务共享中心的绩效管理中引入信息化的手段。一方面，可以对财务共享中心的工作人员进行绩效考核，将对相关信息系统的使用和学习纳入绩效评估范畴。通过这种方式，可以促进绩效管理的信息化水平进一步提升。另一方面，可以将信息化的绩效管理模式推广至集团的各个部门。通过对绩效管理体系的信息化建设，可以对其他信息化管理体系的应用进行评估，进一步加快我国企业管理和会计工作的信息化进程。

引入信息化手段的绩效管理有许多优势。首先，信息化绩效管理可以提高评估的公开透明度，减少主管的操控性。通过系统公示评价结果，员工和领导都能够清楚了解评估标准和过程，提高评估的公正性。其次，信息化绩效管理可以提高评估的准确性和可靠性。通过系统记录和存储评估数据，可以消除主观因素的干扰，提高评估结果的客观性。最后，信息化绩效管理还能够提高工作效率和便捷性，减少纸质文件的使用，通过系统的自动计算和统计功能，简化评估过程，节约时间和资源。

（三）对投资管理的重视程度低

公司在投资管理方面存在一定的信息化问题。尽管公司拥有财务共享中心系统，但在投资管理方面并未充分利用该系统。目前，公司的投资管理信息仅在公司内部流通，缺乏有效的整合和利用。这表明公司对投资管理的重视程度不够。

引入管理会计系统的好处不仅在于提升投资管理的信息化水平，还可以提高投资决策的准确性和效率。通过系统化的数据整合和分析,可以为管理层提供全面而准确的决策依据,有助于优化投资组合、降低风险,并提升投资回报率。

(四)地域差异导致管理职能未充分覆盖

除了上述成本管理、绩效管理和投资管理的管理系统缺乏信息化的问题外,企业还需要注意集团规模庞大、子公司和分公司分布在各个地域的情况。由于地域和文化差异等原因,员工之间的沟通可能存在不充分和效率低下的问题。首先,提高员工之间的沟通和合作效率至关重要。可以通过定期的会议、培训和交流活动来增强团队协作能力,并借助信息技术工具来促进远程协同办公和信息共享。此外,针对子公司的员工素养和管理能力不足的问题,企业可以加强培训和人才引进,提升子公司员工的专业素养和管理水平,从而提高整个集团的管理水平和信息化建设能力。

在技术方面,需要加强对管理系统的更新与升级,确保系统能够适应不断变化的业务环境和需求。此外,还需要建立起与财务共享平台的紧密关系,实现数据的高效共享和流动,为管理会计提供决策支持。这可以通过整合不同子公司的管理系统和数据,构建一个统一的管理信息化平台来实现。

对于子公司下属的管理人员,企业可以通过选拔和培养具有良好管理能力和技术背景的人才,加强对他们的培训和指导,提升他们的管理水平和对信息化的认识水平。同时,企业应建立激励机制,激发管理人员的积极性和创造力,促进管理会计信息化的顺利实施和发展。

四、基于财务共享的管理会计信息化建设保障措施

(一)树立管理信息化建设理念

目前我国只有业务范围广的大型跨国集团在普及管理会计信息化,因

第五章　财务会计向管理会计转型

此，企业需要将管理会计信息化的概念融入核心目标中。同时，建立财务共享中心并以此为基础加强管理会计信息化，推动财务转型。尤其对于财务业务繁多的企业来说，加强管理会计信息化尤为重要，需要积极进行财务转型。可以在原有基础上进行创新和改进，为财务人员提供有章可循的工作流程。同时，改进绩效管理和激励制度，例如将财务共享中心的业务处理过程从传统的分配模式改为抢单模式，并与员工的绩效挂钩，以激励财务工作人员更积极地投入工作。

管理会计信息化的推行对于企业的现代化管理具有重要意义。通过引入先进的信息技术和系统，以及优化的管理流程，企业能够更好地整合和利用财务数据和业务数据，提高决策的准确性和效率。同时，管理会计信息化也为企业的财务转型提供了契机，加强了绩效管理，促进了财务共享中心的发展。这些措施将推动企业管理的现代化转型，提升企业综合实力和竞争力。因此，企业领导者应正确认识并重视管理会计信息化，以推动企业的转型与发展。通过制定战略目标、加大资金投入和人才培养力度，并不断创新和改进财务管理流程和绩效激励机制，企业可以更好地实现财务转型，提升财务管理水平，为企业的可持续发展提供强大的支撑。

（二）优化管理会计信息流通的程序

资金流动是企业财务管理中不可忽视的重要环节。为有效管理各个部门的资金，掌握资金流的状态信息，企业需要从财务共享中心入手，不断强化对资金的管理和控制，以提高资金流的流动效率，实现更高效和科学的资金管理，并更好地为管理会计信息化服务。

在资金管理方面，以信息流为基础，企业应从规范业务流程、标准化流程出发，扩大业务流程的覆盖范围。财务共享中心的成熟将有助于实现企业整体资金流动的协调和优化，为企业管理会计的信息化提供支持。

通过建立高效的财务共享中心，企业能够更好地协调和管理不同部门之间的资金流动，实现资金的合理调配和利用。财务共享中心作为一个集中管理和协调资金流动的平台，能够实时监控和分析资金流动的状况，为企业提供准确的资金信息和决策支持。通过标准化业务流程和流通环节，可以降低操作风险和错误率，提高资金流动效率和精确度。

在财务共享中心的支持下，各个部门和组织之间的联系将更加紧密，信息的利用率和流通率将大幅提升。这将有助于提升企业的财务管理水平，实现资金的合理配置和优化利用，提高企业管理的效率和进行战略决策。而管理会计的信息化服务也将获得更全面、准确的数据支持，为企业的发展提供更强大的支撑。

（三）加强对管理会计复合型人才的引进与培养

管理培训对于企业来说具有重要意义。通过培训，可以提高员工的专业能力和知识水平，使他们能够适应企业发展的需要。特别是在财务领域，员工需要不断学习和更新知识，以跟上行业的发展趋势。通过鼓励员工考取相关证书，公司可以提供学习资源和支持，激发员工的学习动力，同时也提高了员工的职业竞争力。

另外，财务内部人员流通制度的实施也是一种有效的方式。过去，许多公司在财务岗位上形成了固定的人员组合，导致一些员工只熟悉某个特定模块的工作内容，缺乏全面性和综合性。通过定期轮岗，财务人员可以接触到不同的业务环节，了解企业的各个模块，培养全面型人才。这样的流通制度可以促进知识共享，增强团队合作精神，同时提高财务人员的核算和分析能力。

综上所述，公司坚持以减少雇员为目的，实现企业价值的转变，并推动企业管理和会计信息化进一步发展。通过管理培训和鼓励员工考取证书，可以提升财务人员的专业素养与竞争力，为企业带来更多机会。同时，通过财务内部人员流通制度的实施，可以培养全面型人才，提高财务人员的综合能力和贡献度。这些策略的有效实施将对公司的发展起到积极的推动作用。

（四）优化与维护管理会计信息平台

企业内部的员工应当学习相关技术，维护管理会计信息系统和财务共享系统的信息安全。需要不断深入开发和利用先进技术和软件，投入信息安全

第五章　财务会计向管理会计转型

保障经费，例如购买防火墙、加密狗和配备专业安全保障服务，以扩展原有传统财务系统的优点，通过低投入开发融入新的财务管理模块功能。

通过利用云计算技术和自主开发管理信息系统，企业能够确保财务管理的高效性和信息安全。同时，增强员工的技术能力和持续投入信息安全保障经费，可以进一步提升企业内部系统的安全性和数据保护能力。这将为企业提供一个全面的财务管理平台，帮助管理者更好地获取和分析数据，并做出准确的决策，推动企业的发展。因此，在数字化时代，企业应积极拥抱先进的技术和系统，打造安全可靠的财务信息化管理平台。

第六章　财务智能化建设

　　财务智能化建设是指通过应用人工智能和大数据技术,将传统财务管理转变为智能化、高效化的过程。它包括数据采集、分析、预测和决策等环节。在财务智能化建设中,企业可以利用大数据分析技术,快速准确地获取财务数据,并进行深入的数据挖掘和分析,以发现隐藏在海量数据中的业务规律和趋势。同时,通过智能算法的运用,财务智能化建设还能够提供个性化的财务决策支持,帮助企业进行财务规划、风险评估和资产配置,从而实现更加精准和有效的财务管理。

第一节　财务转型进入智能化时代

一、财务智能化的概念

所谓的财务智能化过程实际上是企业财务管理信息化建设的过程。它通过借助现代化技术手段，将大数据、云计算等先进的互联网技术融入企业的日常财务工作，最终实现对企业财务活动的实时监管。在新时代大环境的影响下，财务智能化对于企业参与市场竞争具有重要意义。它不仅可以减轻员工的工作负担，降低财务工作对人力的依赖性，还能完善企业的财务管理体系，提升整个企业的管理水平。

财务智能化的发展为企业带来了许多益处。首先，它能够提高工作效率和准确性。通过应用大数据、云计算等技术，财务数据的采集、处理和分析可以更加迅速和准确。同时，通过智能化的财务管理系统，可以实现对财务活动的全面监管和实时跟踪，使财务决策更加及时和科学。

其次，财务智能化可以提高企业财务管理的质量和水平。通过数字化的财务管理系统，企业可以更好地整合和分析财务数据，提高财务报告的准确性和可靠性。同时，财务智能化也可以提供更好的决策支持，通过系统的分析，帮助企业管理层进行战略规划和预测分析，提升企业的竞争力。

最后，财务智能化的发展还可以促进企业的内部协同和创新。通过共享数据和信息，各部门之间可以更加高效地协同工作，提高沟通和协作的效率。同时，财务智能化也可以为企业带来更多的创新机会，通过数据分析和预测，发现新的商机和增长点，拓展新的业务领域。

在财务智能化的推进过程中，企业需要思考和解决一些问题。企业需要充分理解和应用新技术，确保信息的安全性和隐私保护。企业应制定清晰的信息化建设规划和目标，确保财务智能化与企业整体战略的契合。

财务智能化是企业财务管理信息化建设的重要过程。通过借助现代化技术，将大数据、云计算等先进的互联网技术应用于财务工作，可以提高工作

第六章　财务智能化建设

效率和准确性，完善财务管理体系，提升企业的管理水平。企业在推进财务智能化的过程中，需要充分应用新技术，加强员工培训和规划管理，以实现财务智能化与企业发展的有机结合。

财务智能化相较于传统的财务管理工作具有几个显著的特征。首先，它具有明显的信息化特性，通过在财务管理中应用现代化信息技术，构建科学的财务信息管理系统，使企业财务数据处理的效率明显提升。通过数字化、自动化的手段，实现财务数据的快速收集、处理和分析，提高财务工作的准确性和效率。

其次，财务智能化具有一定的集成性，它是将企业内部的财务信息与外部信息进行有机整合的过程。通过实现企业销售、财务、采购等多个业务领域的一体化，财务智能化为企业的财务管理决策提供了更全面、准确、及时的技术支持。通过整合企业内外部的信息资源，可以提升财务信息的利用率，优化资源配置，进而提高企业的竞争力和市场适应能力。

最后，财务智能化具有实时性和数据共享性。通过应用现代化信息技术构建的财务信息管理系统，可以对企业日常财务活动所产生的数据进行即时的整理和分析。这样，各个部门可以在第一时间共享分析后的数据，促进沟通和合作，优化决策的制定和执行。实时的数据提供了更精确、及时的决策支持，使企业能够更加迅速地应对市场变化和业务需求。

财务智能化的发展为企业的财务管理带来了许多好处。首先，它可以提高财务信息处理的效率和准确性，减少人工操作的错误和时间成本。其次，通过集成多个业务领域的信息，财务智能化可以提供更全面的数据分析和决策支持，帮助企业优化资源配置、提升效益。最后，实时的数据共享促进了部门之间的协作和沟通，提高了工作效率和信息的流动性。

在财务智能化的推进过程中，企业需要关注数据安全和隐私保护。加强信息系统的安全性，确保财务数据的机密性和完整性，防止信息泄露和非法使用。同时，企业还应加强员工的培训和意识教育，提高他们对信息安全的认知和风险意识。

在这个大数据时代，通过采集、整理和分析大量的财务数据，企业可以更加全面地了解自身的财务状况和市场趋势。大数据技术可以帮助企业实时快速地获取各种财务指标，包括销售额、利润、成本、现金流等，从而提高财务数据的准确性。与传统的财务报表相比，大数据技术具有更高的精确度和实时性，使企业能够更加及时地做出决策，把握市场机会。

通过利用大数据分析，企业可以识别出潜在的风险和机遇。通过对大量客户数据的挖掘和分析，企业可以更好地了解不同客户群体的消费习惯、偏好和购买力，并据此制定差异化的营销策略，提高客户满意度和销售额。同时，大数据技术还可以帮助企业预测市场趋势和行业变化，从而调整经营战略，及时应对市场风险和竞争压力，保持企业的竞争优势。

除了提高财务数据的准确性，大数据技术还能够改善企业内部的财务管理流程。通过自动化和数字化的方式，大数据技术可以实现财务数据的实时采集、处理和报告，提高工作效率和减少人为错误。同时，大数据还可以帮助企业进行财务预测和规划，优化资金的运作和配置，提高资本利用效率，从而实现企业的可持续发展。

二、提高企业财务数据的处理效率

在财务智能化背景下，企业可以通过建立大数据系统来收集和整合海量的财务数据。这些数据可以来自企业内部各个部门的各项财务活动，也可以包括外部供应商、合作伙伴、市场等相关方面的数据。通过采用云计算等技术，企业可以将这些财务数据存储在云端，并通过数据分析和挖掘等手段提取出有价值的信息。这样，企业在财务决策时可以基于更全面、准确的数据进行辅助分析和预测，提高决策的科学性和准确性。

财务智能化的实施还能够使财务工作更加高效。通过自动化的数据整合和处理，财务管理人员可以极大地减少人工操作的时间和成本，可以更专注于财务数据的分析和解读，从而提升绩效管理和风险控制的准确性。同时，财务智能化也能够实现财务数据的实时更新和共享，在多部门间实现无缝协作和信息共享，促进企业内部流程的协调和优化。

值得注意的是，企业在推进财务智能化的过程中需要关注数据安全和隐私保护。建立健全的数据安全管理系统，采取必要的技术手段，确保财务数

第六章 财务智能化建设

据的安全性和机密性。同时,加强员工的培训和意识教育,提高他们对数据安全和隐私保护的重视程度,防止数据泄露和非法使用。

三、智能化办公背景环境下财务管理面临的挑战

(一)对财务管理人员的挑战

随着智能化办公技术的不断应用,财务管理工作也发生了很大的变化。自动化和智能化的财务软件、工具和系统可以大大提高工作效率,减少人为错误。然而,这也意味着财务管理人员需要不断学习新技术,与智能工具进行有效的协同工作。他们需要适应新的工作方式,不断更新自己的知识和技能,以适应智能化办公环境下的新需求。

在智能化背景下,财务管理人员需要具备更广泛的工作能力。除了传统的财务知识和技能外,他们还需要了解大数据分析和挖掘的基本原理,在数据驱动决策和业务优化方面发挥积极作用。财务管理人员应该主动获取和应用新技术,例如人工智能、机器学习和自动化工具,以提高数据的处理和分析能力,准确预测和评估企业的财务状况和风险。

此外,财务管理人员还需要增强沟通能力、团队合作能力和领导力,以更好地与其他部门协作,推动数字化转型和智能化办公的实施。只有在具备这些综合能力的基础上,财务管理人员才能更好地适应智能化办公的发展,为企业的财务管理工作贡献更大的价值。

(二)对财务管理决策的挑战

在财务智能化背景下,企业财务决策的首要挑战源自客户。往往在制定财务决策时,企业并没有充分重视与重要客户之间的信息沟通,并未充分利用大数据技术来提取有价值的客户信息。缺乏足够的决策信息会导致财务管理人员无法准确把握客户需求,进而做出不准确的财务决策。这种情况经常

导致财务决策失误，不利于后续财务管理工作的开展。

为解决这一问题，企业应加强与客户之间的沟通与合作。通过与客户频繁互动，了解其需求、目标，财务管理人员可以更有效地支持和指导企业的财务决策。此外，借助大数据技术，企业可以收集、分析和应用客户数据，从中发现潜在的商机和预测市场趋势，为财务决策提供更准确的参考。

同时，财务管理人员需要加强对大数据技术的应用。熟练掌握数据分析工具和技术，可以帮助他们更好地挖掘和解读客户数据，以支持财务决策的制定。通过运用数据驱动的方法和模型，财务管理人员可以更有效地评估客户价值、风险和增长潜力，从而为企业提供更有针对性的财务方案。

另外，建立一个完善的财务信息系统也是至关重要的。这样的系统能够自动化地收集、整合和分析企业和客户数据，为财务管理人员提供全面和实时的信息支持。通过这种方式，财务管理人员可以更精确地把握客户需求，并基于数据驱动的决策制定流程，为企业提供更智能化和个性化的财务解决方案。

（三）财务决策机制缺乏完备体系

一个科学完善的财务决策机制和财务管理体系对于企业的财务决策至关重要。首先，它能够确保财务决策的准确性和科学性。通过建立合理的决策流程和规范的决策程序，可以将财务信息与其他内外部因素进行综合分析，保障决策的全面性和客观性。其次，一个完善的财务管理体系可以有效管理和控制财务风险。通过建立相关的风险评估和控制机制，企业可以准确识别、评估和应对潜在的财务风险，提高财务决策的稳定性和可靠性。最后，一个科学完善的财务决策机制和财务管理体系还能够提高企业的运营效率和竞争力。通过对财务数据的分析和挖掘，企业可以及时发现和纠正问题，并优化资源配置，提高企业的绩效管理和决策制定能力。

第六章　财务智能化建设

（四）财务决策中缺少专业人员

在企业财务决策中，第四个挑战来自财务决策人员参差不齐的专业素质。当前，大部分企业已经认识到财务管理信息化建设的重要性，并在大数据应用和财务智能化建设上投入了大量资金。然而，大数据的更新速度非常快，财务决策人员的技术水平往往无法跟上大数据的更新速度。由于缺乏专业技术能力的员工无法为企业财务智能化建设提供必要的技术支持，导致企业投入的资金白白浪费，同时也影响了财务管理决策的准确性，影响了企业财务管理工作的进展。

财务决策人员的专业素质对于企业财务决策的准确性和有效性起着至关重要的作用。然而，在当前大数据时代，财务决策人员往往面临着技术更新速度过快的挑战。由于大数据的广泛应用和不断更新，财务决策人员需要具备跟上时代步伐的能力，以便更好地理解和应用大数据对财务决策的影响。

缺乏专业技术能力的财务决策人员可能无法充分利用大数据提供的丰富信息来支持决策制定。他们可能不了解最新的数据分析工具和技术，在处理和分析大规模、高维度的数据时遇到困难。这导致他们无法从海量的数据中提取有效的财务指标和关键业务信息，为企业的财务决策提供有力支持。

此外，对于财务决策人员而言，终身学习和持续提升的意识也至关重要。他们需要不断学习新的财务管理知识、数据分析技术和信息化工具，以保持专业素养与时俱进。只有通过不断学习和提升自己的技能，财务决策人员才能更好地应对日益复杂和多变的财务环境，为企业的财务智能化建设提供强有力的支持。

因此，解决财务决策人员专业素质参差不齐的问题，需要企业注重员工培训和发展，加强对财务决策人员技术能力的培养。企业可以通过组织内部培训、提供专业课程、参与行业交流等方式，提供财务决策人员所需的专业知识和技能。同时，企业还应建立一个良好的学习氛围，鼓励财务决策人员不断学习和探索，推动企业财务智能化建设迈上新的台阶。

（五）财务数据存在安全隐患

对于企业来说，保障客户信息的安全至关重要。首先，企业需要加强对数据安全的重视，并采取必要的保护措施。这包括加强网络安全防护、建立完善的身份认证与访问控制系统、加密敏感数据等。其次，企业应建立专门的信息安全团队，负责监测和处理潜在的安全威胁，并定期进行安全漏洞扫描和系统审计。最后，企业还需要加强员工的安全意识教育，提高他们对数据安全的重要性和风险的认识，从而减少内部员工因疏忽或不当行为造成的数据泄漏。

另一方面，企业需要遵循相关的法律法规和行业规范，确保客户信息的合法使用和保护。企业应制定明确的数据隐私政策，告知客户关于个人信息的收集、处理和保护方式，明确客户的权利和企业的责任。同时，企业还应与合作伙伴建立稳固的隐私保护机制，确保客户信息在合作过程中得到妥善处理和保护。

保障财务信息安全还需要进行定期的风险评估和安全演练，发现潜在的安全风险并及时采取措施进行应对。同时，企业还可以考虑引入安全技术和工具，如数据加密、访问控制和审计系统等，提高财务信息的安全性和可控性。

（六）加强财务决策的技术辅助

随着数字化时代的来临，企业财务管理智能化已经成为趋势。首先，企业需要在技术设施方面进行投入。这包括购置先进的硬件设备和软件系统，以支持财务数据的处理和分析。例如，企业可以引入高性能的服务器和存储设备，提供可靠的数据存储和处理服务。同时，选择适合企业需求的财务管理软件，如财务分析工具、数据挖掘系统等，以便更好地利用大数据进行财务决策分析和预测。

其次，企业需要配备专业的大数据处理技术人员。这些人员应具有数据分析、统计学和财务知识等相关专业背景，能够灵活运用各种数据分析方法和工具，从海量的财务数据中提取有价值的信息。他们应具备编程和数据挖

第六章　财务智能化建设

掘技能，能够处理和清洗数据、构建模型、进行数据可视化等工作，为财务决策提供有力支持。

最后，企业还应不断关注新的技术趋势，引入先进技术，如人工智能、机器学习和区块链等，以提升财务智能化管理水平。通过人工智能技术，可以实现对财务数据的智能化分析和判断，帮助企业发现潜在的风险和机会。机器学习技术可以通过对历史数据的学习和模式识别，为财务决策提供更准确的预测和建议。区块链技术则可以提供安全可靠的财务数据交换和存储方式，增加财务管理的透明度和信任度。

四、提高财务数据的管理能力

（一）提升大数据信息系统的技术水平

在财务智能化建设中，大数据信息系统扮演着重要的角色。它能够收集和存储大量的财务数据，为企业的决策提供基础和支持。然而，随着企业规模和财务业务的扩大，财务数据的量也在不断增长。如果财务数据系统无法满足日益增长的财务数据的承载能力，就会导致数据处理效率低下，影响财务决策的准确性和及时性。

为了应对财务数据系统的承载能力问题，企业应事先了解财务数据系统的更新需求。这包括考虑财务数据增长的趋势和预测，了解当前的存储量和处理能力，并预估未来的需求。企业可以通过与供应商和专业技术团队的合作来确定合适的硬件配置，包括处理器、服务器和存储设备。根据企业的具体需求和预算，选择相应的硬件设备，以确保财务数据系统具备足够的承载能力。

此外，企业还应定期对财务数据系统进行升级和更新。随着技术的不断发展和更新，新的软件版本和功能会不断推出。通过及时进行系统升级，企业能够保持其财务数据系统的先进性，提高系统的性能和稳定性。定期的系统维护和更新还可以修复现有系统中的漏洞和问题，保障财务数据的安全性和准确性。

（二）加强对财务数据风险的防范

企业在推进财务智能化管理的过程中，确保财务数据安全是至关重要的一环。为了有效管理财务人员并规范其工作行为，企业需要加大对财务人员的管理力度，并制定科学的管理标准。这包括明确职责和权限，建立健全的审批流程，以及制定详细的工作纪律和准则。

在财务管理人员的培训中，企业应着重向他们传授财务管理安全知识，培养他们的风险防范意识。这包括教育他们关于财务数据保护的重要性，以及如何处理敏感信息和遵守相关法规。只有通过具有针对性的培训，财务管理人员才能更好地理解和应用财务管理安全措施，从而更好地保护财务数据的安全。

大数据安全处理技术也应该成为培训的重点内容。随着企业财务数据的不断增长，处理大数据的能力变得至关重要。企业需要向财务管理人员介绍各种常用的大数据安全处理技术，例如数据加密、身份验证和访问控制等。财务人员应该了解如何使用这些技术来保护财务数据的安全性，以减少数据泄露和滥用的风险。

企业还应该为财务数据系统设立防火墙，并采取其他各种手段来全方位地保障财务数据的安全。防火墙可以帮助阻止未经授权的访问企业的财务系统，并监测异常活动。此外，企业还可以使用数据备份和恢复技术，确保在数据意外丢失或破坏的情况下能够及时恢复。定期进行数据备份并将备份存储在安全的位置也是一个必要的安全措施。

五、智能财务对企业数字转型的推动作用

（一）引导企业工作人员树立数字化科技理念，推动财务智能发展

财务智能发展就是将数字科学技术与财务工作进行深度融合，这也是企业数字转型的一个必经阶段。财务作为企业发展的基础，如果能够对财务进

第六章　财务智能化建设

行智能化改革，这便意味着企业数字化转型的成功。在这个漫长的实践过程中，企业的管理层和基层工作者身处改革进程中，能够充分地感受到数字科技带来的便捷性和精确性，深刻体会到数字科技给企业带来的价值。从而让企业的工作人员由内而外地树立数字化科技理念，提升对数字科技的认识。在整个实践过程中，让公司内部的全体员工都积极参与进来，这不仅能让企业的管理者对数字转型有新的体验、新的认识，确定企业的改革发展方向，推动改革进程，提升自身的管理水平；还能让全体员工对企业转型予以重视，让员工积极参与到改革进程中，提升员工对企业的认同感，凝聚工作人员的力量，推动企业的转型发展。

（二）减少人力成本，提高管理效率与管理效果，促进企业转型发展

智能财务给企业管理的发展带来了很大的便利性。企业财务通过网络技术收集数据，并将数据归纳整理进入数据库，通过网络平台对数据资源进行调动，采取分析措施实时评估企业的财务状况，对企业的发展方向做出决策，使企业的管理效率得到大幅度提升。在科技的支撑下，许多人力无法达到的工作效果已经被智能科技所取代。计算机技术的精确性是人工计算无法企及的，利用精确的数据，导入到决策分析平台，为企业的发展趋势做出预测，提升企业的发展速度。另外，智能化财务体系也提升了财务工作的速度，一些琐碎复杂的工作可以在短时间内通过计算机完成，减少了人力成本的投入，使企业内部的财务系统得到升级。

（三）彰显数字科技价值，调动企业数字转型积极性

企业发展要遵循成本效益原则，如果在数字化转型过程中没有深切地感受到数字化科技给企业带来的经济利益，企业是不敢推动改革进程的。这也是大部分企业停留在等待阶段的原因。财务的智能化发展，无疑是企业转型成功的关键，让企业深切地体会到智能科技融入企业带来的经济价值。一旦市场有了一个开口，为企业提供改革动力和改革信心，便会吸引其他企业纷

纷模仿，推动自身的数字转型进程。

（四）在实践活动开展过程中培养专业科技人才

现阶段，科学技术在实际应用中面临许多挑战，特别是人才市场的缺口较大。企业内部缺乏专业的数字科技人才，阻碍了企业进行财务智能化。企业进行财务改革是一个漫长的过程，这个过程也是企业内部工作人员不断学习、不断实践和提升自我能力的一个过程。企业根据发展的内部需求，在财务改革过程中培养科技人才，通过实践让科技人才有更好的技术体验，对企业的发展方向有明确的认识。通过让技术人员不断地参与企业的改革进程，提升自身能力，为企业长远发展储备高科技人才。

（五）增强企业的发展竞争力，推动企业规模化发展

智能财务融入了信息共享技术，从多角度进行数据采集，提高数据内涵价值，促进企业项目建设的发展。智能财务还能帮助管理者进行决策分析，并通过信息共享，加强项目与会计核算之间的联系性，保障项目发展过程中财务信息的正确以及安全。科学管理企业的运营风险，提高了管理工作的效能，为企业造就更多高技术管理人才，降低企业的发展风险，提高企业的竞争力，加快企业在行业中的发展速度。

利用智能财务平台，制定规范交易秩序，按照法律标准对企业内部财务管理实行严格监督，降低舞弊风险。通过从采购到销售形成一体化的管理系统，使项目与财务的适配性更高，形成数据实时共享系统，智能形成财务凭证，财务报表提高了信息质量。财务智能系统的有效运行，可以为企业实时提供精确的财务指标，在专业数据分析结果下，推动企业快速做出决策判断，推动项目的发展进程，提高企业综合发展能力，使成本开支得到有效控制，让企业按照规范化的流程进行发展。

第六章 财务智能化建设

第二节 智能财务的理论基础

智能财务是指通过人工智能和大数据技术，在财务管理领域实现优化和创新。它的理论基础涉及多个学科和理论体系，包括金融、经济学、信息技术和管理学等。

首先，智能财务建立在金融理论的基础上。金融理论研究了资金流动、风险管理和投资决策等方面的规律。通过应用人工智能和大数据技术，智能财务能够更准确地进行风险评估、资产定价和投资组合优化，提供更精准和有效的金融决策支持。

其次，智能财务依赖于经济学的基础理论。经济学研究了资源配置、供需关系和市场运作等方面的原理。智能财务利用大数据分析和机器学习算法，能够识别经济趋势、预测市场变化，并做出相应的财务调整和决策。智能财务还可以通过模拟和优化技术，帮助企业分析经济环境下的策略选择和风险控制。

再次，智能财务还涉及信息技术的应用。信息技术为智能财务提供了数据获取、存储和处理的基础设施。云计算、大数据和人工智能等新兴技术的发展，使得智能财务能够处理海量数据，并从中提取有价值的信息。智能财务通过应用数据挖掘、自然语言处理和智能算法等技术，实现对财务数据的智能分析和预测。

最后，智能财务建立在管理学的理论基础上。管理学研究了组织的决策、控制和协调等方面的原则。智能财务通过提供实时的财务数据和分析结果，帮助管理者进行决策和监控业务运营。智能财务还能够优化财务流程，提高财务管理的效率和准确性。

一、智能化场景设计和新技术匹配运用是智能财务的本质所在

智能财务的本质在于将精心设计的智能化应用场景与新技术的匹配运用相结合。其中，以人工智能为代表的新技术，如大数据、人工智能、移动互联网、云计算、物联网和区块链等，发挥着重要的作用。

人工智能则可以通过模拟人类的智能思维和学习能力，实现自动化和智能化的财务工作。例如，通过机器学习算法，可以自动识别和归类财务数据，提高财务处理的效率和准确性。另外，人工智能还能够进行预测和预警分析，帮助企业预测风险和机会，提前制定应对策略。

移动互联网技术使得财务管理可以随时随地进行。通过移动设备和互联网的连接，人们可以方便地查看和处理财务信息，进行在线支付和结算。这种便捷性大大提高了财务工作的效率和灵活性。

云计算技术则提供了强大的计算和存储能力，使得财务数据可以安全地存储在云端，并且可以通过云平台进行共享和协作。这种分布式的架构不仅减轻了企业的硬件负担，还保证了数据的安全性和可靠性。

物联网技术使得财务数据的采集更加方便和自动化。通过与传感器和智能设备的连接，财务数据可以实时获取，并与其他数据进行关联分析。例如，在供应链管理中，物联网技术可以实现对原材料、生产流程和物流运输等环节的监控和管理，从而提高财务效益和风险控制能力。

区块链技术则可以实现财务数据的分布式记账和验证。通过区块链的去中心化特性和不可篡改的数据记录，可以确保财务数据的安全和透明性，防止数据的篡改和欺诈行为。

二、智能财务平台建设和新型财务管理模式构建是智能财务的落脚点

首先，智能财务共享平台的建设是智能财务的基础和核心。在这一方

面，需要从业务流程梳理和优化出发，进行智能财务平台的开发和运用。通过优化业务流程，确保财务数据的快速采集、处理和分析，实现财务决策的科学性和准确性。智能财务平台还应满足业务的实时需求，能够提供及时的财务信息和报告。通过智能化的财务数据处理和分析，可以实现财务的自动化和智能化，提高财务管理的效率和质量。

其次，新型财务管理模式的构建对于智能财务的成功实施至关重要。通过重新架构财务组织、重新划分职责权限、重新界定财务岗位、实现财务人员的转型提升和重新选择管理方式，可以构建适应智能财务的新型财务管理模式。在这一过程中，智能财务平台和配套的制度规定起到了关键作用。智能财务平台的应用可以实现会计职能的转型，从繁重的手工操作中解放出来，更加专注于财务分析和决策支持。同时，通过制度规范的配套，可以确保财务管理的合规性和透明度，为财务人员提供明确的工作指导和规范。

为了实现智能财务的建设目标，企业需在实施过程中注意以下几点。首先，充分了解和把握业务流程的特点和需求，确保业务流程的优化和财务数据的准确性。其次，在共享平台的设计上，要考虑数据的安全性和稳定性，保障数据的完整性和机密性。同时，财务组织规划的设计应根据企业的实际情况和发展方向，合理分配财务资源和人员，并设立明确的职责和权限。最后，在财务制度的设计上，需充分考虑企业的特点和行业的规范，确保制度规定的有效性和适用性。

三、对传统财务工作的模拟、延伸和拓展是智能财务的实质所在

与传统财务工作相比，大数据分析能够提供更全面、深入的数据分析，帮助企业探索潜在的商业机会和市场趋势。这种拓展为企业提供了更多的决策依据，有助于提升财务管理的准确性和战略性。

智能财务通过模拟、延伸和拓展传统财务工作，推动了财务管理的进一步发展。它不仅提供了更高效、准确的财务处理方式，还能够提供更精细化

的财务信息和更全面的数据。智能财务的实施将为企业带来更好的决策支持和商业竞争优势。

四、提升财务工作效率是智能财务的目标

首先，智能财务通过自动化会计核算的方式，减少了传统财务工作中枯燥重复的手工操作，实现了会计账务的自动化处理。这不仅节约了大量的时间和人力成本，还提高了会计核算的准确性和一致性。财务人员可以将更多的精力投入到财务分析和决策支持上，为企业提供更有价值的财务信息。

其次，智能财务的协同工作和半自动生成功能，实现了财务分析报告的快速生成和整合。财务分析报告能够基于大数据和智能算法进行综合分析，提供全面而准确的财务指标和趋势分析。通过协同工作的方式，财务人员可以与各部门进行紧密的协作，获取更多的业务数据和信息，为财务分析提供更全面的依据。

最后，智能财务在资金管理、资产管理、税务管理、预算管理、成本管理、投资管理和绩效管理等方面的精细化和前瞻性，使财务工作能够更好地指导和规范业务和管理工作。通过智能财务平台的应用，财务人员可以实时监控和管理企业的资金流动、资产配置、税务合规等方面，提供有针对性的财务决策支持。同时，智能财务还能够通过预算管理、成本管理和绩效管理等手段，评估和优化企业的经营绩效，提供决策者需要的关键指标和信息。

通过提供精确的管理会计报告，财务人员能够帮助业务和管理部门了解企业的财务状况、盈利能力和风险情况，提供参考和支持他们的决策。基于大数据的分析应用则能够从更广泛的角度对业务和市场进行分析，帮助企业高层领导做出战略决策，提升企业的竞争力和可持续发展能力。

第六章 财务智能化建设

第三节 智能时代财务的组织与模式的变革

一、入门阶段：财会一体阶段

从中华人民共和国成立到20世纪70年代末，财务与会计并没有明显分离，财会一体的情况更为普遍。在这个时期，会计在中国的计划经济中发挥着更为重要的作用。财务管理在很大程度上服务于内部控制和成本管理。一方面，为了确保经济运行的稳定，需要对资金和资产进行安全管理；另一方面，要通过降低成本来提升管理绩效。事实上，在这个阶段，许多企业的成本管理工作取得了显著的成绩。在这个初级阶段，财务管理更多地被看作是会计工作的一个组成部分。

在计划经济时期，财务管理主要集中在企业内部，服务于企业的日常经营和管理。财务管理的职能主要包括资金管理、资产管理、成本管理和内部控制等方面。资金管理的重点是确保企业的资金需求得到满足，并合理配置和使用资金资源。资产管理则是指对企业的固定资产和流动资产进行管理和监控，确保资产的安全和有效利用。

在这一阶段，财务管理的侧重点主要放在了企业内部，强调提高效益和控制风险，而对外部的财务报告和资本市场的要求相对较弱。企业主要关注的是实际经营和管理的需要，财务管理更多地被视为会计工作的一个重要分支，用于支持企业的内部经营活动。

二、初级阶段：专业分离阶段

在初级阶段，财务管理的范围逐步扩大，包括预算管理、成本管理、绩效管理等，而会计工作涉及核算、报告、税务等方面。另外，许多大公司还将资金管理作为另一个独立的领域与财务管理部和会计部分离开来。

通过设置独立的资金部门，企业能够更加有效地管理其资金流动和资金风险。资金管理聚焦于优化企业的资金结构，确保资金的充足性和合理运用。它涵盖了资金预测、资金筹集、资金投资和资金调度等方面。具体而言，资金管理部门负责制订并执行现金流预测和资金计划，监控企业的现金收支状况，以便及时采取措施应对可能出现的资金紧张情况。此外，资金管理部门还负责管理企业的投资组合，寻求最佳的投资回报率，并且根据企业的资金需求和风险承受能力，制定资金调配的策略，保持良好的资金流动性和稳定的资金结构。

独立的资金管理部门能够更加专注于解决企业的资金问题，提供有效的资金管理方案，从而实现资金的最优配置和增值。此外，分离资金管理部门还能够加强企业内部的风险监控和控制，确保资金的安全性和合规性。在当前复杂多变的市场环境下，企业面临着各种挑战和风险，如汇率风险、利率风险、信用风险等。通过专门的资金管理团队，企业可以更好地应对这些挑战，降低风险，并提高资金利用效率。

三、中级阶段：战略、专业、共享、业财四分离阶段

战略财务主要关注高层决策层面的经营管理，涉及集团或总部整体战略的制定、经营分析和绩效考核等。而专业财务则更专注于会计核算、财务报告编制、税务管理、资金管理和风险控制等方面。

通过将战略财务和专业财务分离，企业能够更好地根据不同的职能要求和业务需要进行资源配置和任务分工。战略财务将更聚焦于对整体经营的重要支持和决策分析，而专业财务则更专注于保障财务数据的准确性和合规性，提供财务管理的专业知识和服务。

在整个财务管理体系中，不论是四分离还是三分离，都强调了财务内部的专业化、分工和共享。财务共享服务中心的建设将基础作业集中管理，提高了财务的效率和准确性。同时，业务财务队伍也发挥着重要的作用，为财

第六章 财务智能化建设

务组织提供各领域的专业支持与服务，保障企业的正常运营和决策管理。

总的来说，这个阶段的财务变革和创新推动了财务管理的发展。通过引入四分离和三分离的概念，企业能够更好地划分财务职能和任务，实现财务与业务的协同化发展。财务共享服务中心的建设和业务财务队伍的重要配置，为企业提供了更加专业和高效的财务管理支持，推动企业的可持续发展和竞争力提升。

四、高级阶段：外延扩展阶段

在财务组织进入高级阶段时，随着社会环境的不断变化和技术的快速发展，财务人员也需要跟上潮流并展现出创新能力。这个阶段被称为外延扩展阶段，财务工作的内涵得到了进一步的拓展。

高级阶段的财务组织不再保守，而是展现出自我突破的决心。财务人员需要适应技术与概念不断更新的社会环境，积极探索创新，并灵活应用新技术和概念。战略财务、管理会计、业务财务、财务共享服务中心以及财务信息化部门等都在财务组织中扮演着重要角色，推动着财务工作的发展与升级。随着智能化时代的到来，财务智能化团队也应运而生，引领财务组织向智能化的方向迈进。

五、智能时代财务管理策略

（一）深入理解管理的"刚"与"柔"

在管理领域，我们常常会遇到"刚"和"柔"这两个概念。对于"刚"的理解，可以以泰勒的科学管理理论为例进行说明。泰勒的科学管理思想包括作业管理、组织管理和管理哲学三个核心内容。

我们需要研究这种刚性的度是否适当，是否会过于刚硬而导致问题发生。如果过分强调刚性管理，可能会造成资源的浪费、员工的不满和创新的阻碍。在这种情况下，适度引入柔性管理概念，实现刚柔相济的管理方式就变得非常重要。

柔性管理强调适应性、灵活性和变通性。它鼓励员工参与决策、提倡团队合作、支持创新和应对变化。柔性管理可以帮助组织更好地适应不断变化的市场环境，提高员工的工作满意度和创造力，进一步促进企业的可持续发展。

在财务领域，柔性管理可以通过以下方式体现：首先，可以引入灵活的财务规划和预算制定，充分考虑市场变化和业务需求；其次，可以鼓励跨部门协作和信息共享，提高决策的准确性和效率；最后，可以采用灵活的绩效评估制度，激励员工的创新和发展。

在管理实践中，刚柔相济的管理方式更加适应当前快速变化的市场环境。管理者应当平衡刚性和柔性，根据具体情况和需求，在保持组织稳定性的同时，注重灵活性和变通性。这样才能更好地应对挑战，推动企业不断创新和发展。

（二）智能时代财务如何实现柔性管理

传统财务组织通常采用层次化的树状结构，但这种组织形式往往带有较强的刚性。在这种组织配置方式下，顶层设有集团财务总监，下设专业部门和相关科室，再向下分别对应业务单元、子公司和分支机构的财务部门。尽管这种组织形式能够实现指令的快速下达和条线上的高效协同，但它也存在一些弊端。最大的问题是横向协作困难，对变革和创新的推动有较大的组织阻力。因此，有必要考虑构建柔性的财务组织架构，以打破刚性的限制。

为了打造柔性的财务组织架构，可以从以下几个方面展开讨论。

首先，跨功能和跨部门的协作。传统财务组织的刚性结构导致了横向协作的困难。为了解决这个问题，可以推行跨功能和跨部门的交流与协作机制。例如，通过建立跨部门的项目组和工作组，推动不同部门之间的信息共享和合作，消除信息孤岛。同时，还可以采用跨职能团队的方式，将不同领

第六章 财务智能化建设

域的专业人才组织在一起,以实现跨部门的协同创新。

其次,培养灵活多能的财务人才。柔性的财务组织需要人力资源具备灵活适应变化的能力。因此,财务人员需要具备广泛的知识与技能,能够跨领域进行工作。培养财务人员的综合素质,包括沟通能力、团队合作能力和问题解决能力等,以适应多样化的工作需求。

再次,充分利用信息技术。信息技术在推动组织柔性化方面具有重要作用。通过建立财务管理系统和数据共享平台,实现财务数据的集中管理和共享,可以提高财务信息的流动性和及时性,加快决策的速度。同时,信息技术还可以提供更强大的数据分析和决策支持功能,促进跨部门的合作和信息共享。

最后,强调变革与创新意识。打造柔性的财务组织需要财务管理者具备变革和创新的意识。鼓励财务团队不断探索新的工作方式和方法,推动组织中的创新和改进。财务管理者应该成为变革的引领者,激发团队的创造力和积极性,促进组织的灵活性和适应性。

总的来说,构建柔性的财务组织架构对于提升管理效能和适应变化的需求至关重要。通过跨功能和跨部门的协作、培养灵活多能的财务人才、充分利用信息技术以及提倡变革与创新意识,可以打破组织的刚性,构建一个适应变化、高效协同的财务管理体系。这将为企业持续发展和战略实施提供有力支持。

(三)柔性的财务组织架构

1. 尝试扁平化的组织形态

在财务领域,通常一个法人主体会形成多个管理层级的组织架构。例如,"CFO—财务各部门总经理——部门副总经理——室经理——员工"这样的层级链条已经有五个管理层级。然而,过多的管理层级可能会导致组织运作效率的下降。每增加一个管理层级,就会增加一层纵向的阻碍。因此,适度的扁平化组织结构可以考虑简化一些层级,以提高组织的运作效率。

从提升运作效率的角度出发,可以采取一种称为去钢板的变革措施,即简化组织结构中的层级关系。这种变革应该从底层开始自下而上地进行,适度增加中高层管理者的管理跨度。也就是说,一个主管应该管理更多的下属,将工作授权和责任下放给更低层级的员工,减少不必要的层级和管理环节。这样可以简化组织的运作流程,提高决策的效率和执行的速度。

适度增加中高层管理者的管理跨度可以带来多个好处。首先,减少管理层级可以加快决策的速度。较少的层级意味着更短的沟通链路和更直接的决策路径,从而缩短决策的反应时间,使组织能够更迅速地应对市场变化和业务需求。其次,简化层级可以提高组织的灵活性和适应性。较少的层级使组织能够更加灵敏地调整资源配置和任务分工,以适应不断变化的环境和业务需求。最后,减少层级还可以降低管理成本和提高工作效率,避免不必要的信息传递和重复工作。

然而,需要注意的是,扁平化组织并不意味着完全取消层级,而是通过合理的设计和调整,使组织层级变得更加合理和高效。中高层管理者仍然扮演着重要的角色,负责战略制定、资源分配和协调各个部门的工作。同时,适度增加管理跨度需要配备合适的管理者,具备较高的管理能力和跨部门协调能力,以确保组织管理的有效性和协同性。

在财务领域,适度的扁平化组织结构可以提高运转效率,减少管理层级带来的纵向阻碍。通过自下而上地进行去钢板变革,适度增加中高层管理者的管理跨度,可以加快决策速度,提高组织灵活性和适应性,降低管理成本和提高工作效率。关键是在扁平化过程中保持管理者的角色和职责,确保组织管理的有效性和协同性。

2. 积极应用团队结构(Team-Based Structure)的组织

团队结构的设立具有许多好处。首先,当面临重大问题时,团队可以使各部门的局部利益为整体利益让步。这种协作与合作的方式能够确保团队的目标得以顺利实现,提高工作效率和质量。其次,团队的跨部门性质使得不同部门之间的沟通更加畅通,减少了信息传递的阻碍,从而提升了工作的协同性和协调性。

此外,团队往往与项目相结合,采取项目化团队的方式进行工作。在柔性管理中,项目化团队具有重要的价值。通过将工作任务划分为不同的项目,并由团队成员共同参与,在团队内部可以灵活调配资源和人力,更好地应对不同项目的需求。

第六章 财务智能化建设

3. 探索流程型的组织

财务工作的柔性创新和组织的刚性壁垒之间存在一种流程的角度，通过流程的穿透能力可以打破这样的壁垒。在财务共享服务中心等领域，流程型组织被广泛应用。

流程型组织在财务共享服务中心方面的应用已经被广泛认可。通过建立共享服务中心，财务流程可以在统一的平台上进行集中管理和执行，提高财务处理的效率和准确性。这种方式利用了流程的标准化和自动化特点，以及共享资源的优势，从而实现财务流程的快速执行和信息的高效流转。然而，这种流程型组织的应用并不仅限于共享服务中心，还可以在其他财务领域进行拓展。

建议将流程型组织的适用范围扩大，将更多非共享运营类的财务流程纳入到流程型组织的管理范畴中。例如，经营分析、预算管理、成本管理、税务管理等流程可以通过流程型组织的方式进行管理。通过对这些流程进行标准化、优化和自动化，可以提高财务工作的效率和准确性，实现更精细化和专业化的管理。

扩大流程型组织的适用范围可以带来多重好处。首先，通过流程的标准化和自动化，可以降低人力资源的需求，并减少错误和遗漏的风险。其次，同一流程管理下的数据和信息可以更好地共享和协同，提高财务数据的准确性和一致性，减少信息孤岛和冗余的工作。最后，也可以提升财务流程的可追溯性和审计能力，为组织的合规性和风险管理提供支持。

然而，需要注意的是，将更多的财务流程纳入流程型组织中需要进行充分的评估和规划。需要考虑流程的复杂性、相关系统的集成、员工的培训和变革管理等方面的因素，确保财务流程的顺利移入流程型组织并取得预期的效果。

引入经营分析、预算管理、成本管理、税务管理等非共享运营类流程，扩展流程型组织的应用范围，可以提高财务工作的效率和准确性，实现更加精细化和专业化的管理。然而，这需要进行充分的评估和规划，确保财务流程平稳移入流程型组织，并在实施过程中注重员工的培训和变革管理。

（四）柔性的财务组织文化

柔性管理是一种适应不断变化的环境和需求的管理方式，它强调包容性和灵活性，在财务组织的文化建设中引入柔性管理的思想，有助于提升团队的凝聚力和协作能力。

1. 团队文化

柔性管理的文化倾向于强调稳定性和控制性，以确保组织运作的可靠性和有效性。然而，在当今快速变化的商业环境下，只注重层级文化已经不能完全满足组织的需求。

团队文化是一种鼓励成员之间相互合作和支持的文化类型，类似于一个家庭。在财务组织中，通过培养团队文化可以增强团队合作意识，促进信息共享和知识传递，提高组织的凝聚力和执行力。例如，在年报期间或财务系统建设期间，团队成员可以共同努力，相互协作，以确保任务的顺利完成。

此外，柔性管理还鼓励创新和灵活性。在财务组织中，财务团队可能面临各种挑战和变化，如新的法规要求、技术的进步等。通过引入柔性管理的思想，组织可以更好地适应这些变化，并采取相应的措施来解决问题。灵活性还可以帮助财务团队更好地应对突发情况和紧急需求，提高响应速度和效率。

在财务组织中建立柔性管理的文化需要重视以下几点。首先，领导层需要营造开放和包容的文化氛围，鼓励员工提出意见和建议，充分发挥他们的创造力和潜力。其次，组织可以提供培训和发展机会，帮助员工不断学习和适应变化，提升他们的能力和素质。最后，透明度和沟通也是关键因素，领导层应及时与团队成员分享信息，使每个人都能够理解组织的目标和方向。

2. 偶发文化

偶发文化是一种强调创造力和灵活性的冒险文化，它鼓励员工尝试新方法并快速适应外部环境的变化。

财务组织通常注重稳定性和控制性，这是为了确保财务运作的可靠性和有效性。然而，随着商业环境的快速变化，传统的管理方式已无法满足组织的需求。偶发文化强调创造力和灵活性，为财务组织带来了一些新的优势。

首先，偶发文化鼓励员工尝试新方法和创新思维。在面对日益复杂和多

第六章 财务智能化建设

变的商业环境时，创新是保持竞争优势的关键。财务组织可以鼓励员工提出新的想法和解决方案，推动财务流程的改进和效率的提升。例如，在财务系统建设的过程中，偶发文化可以激发员工的创造力，帮助他们探索更高效的工具和方法。

其次，偶发文化强调快速适应外部环境的能力。商业环境在不断变化，对财务组织的要求也在不断演变。偶发文化鼓励组织及时调整策略、适应变化，并灵活应对各种挑战。例如，当市场环境发生变化时，财务团队可以迅速调整预算和资金分配计划，以适应新的商业需求。

然而，需要注意的是，偶发文化并不适用于所有财务领域。某些领域，如会计核算、报告、税务等，注重的是准确性和合规性，冒险和创新可能会带来风险和错误。在这些领域，确保规范和稳定仍然是首要任务。因此，在引入偶发文化时，财务组织需要明确区分领域，并根据实际情况制定相应的管理策略。

3. 市场文化

市场文化强调效益和竞争，通过内部竞争机制激发员工的积极性和创造力。在财务共享服务中心，适度的市场文化可以促使员工在标准化的财务工作中提高效率，并通过竞争来推动不断改进。例如，设立绩效评估体系和奖励机制，借鉴市场竞争的概念，激励员工追求卓越，提高工作质量和效率。这种文化氛围鼓励财务团队在工作中追求更高的绩效和业务成果。

然而，市场文化需要适度运用。财务共享服务中心的标准化作业领域，过度强调市场文化可能带来刚性影响。财务共享服务中心通常侧重于提供规范化、标准化的财务服务，若过度追求市场竞争，可能导致刚性流程和缺乏灵活性，不利于快速响应业务需求和变化。因此，在引入市场文化时，财务组织需要权衡其对标准化操作的影响，确保达到有效提升员工效率与工作质量的平衡。

相反地，在非财务共享领域，引入市场文化可以激发财务管理人员的战斗力和狼性，推动他们积极应对挑战并展示出更强的竞争意识。市场文化在这些领域中可以借鉴商业竞争的经验和方法，推动财务管理人员在业务决策和财务分析等方面的能力提升。通过竞争的压力，财务管理人员将更加注意市场变化和商业机会，以更加灵活和敏锐的方式管理财务事务。

（五）柔性的财务战略管控

柔性管理在财务领域的另一个应用是财务的战略管控。传统的战略管控和预算管理方式往往存在一定的刚性问题，缺乏灵活的调整和适应性，导致资源配置的固化和与市场环境的脱节。

绩效目标管理是柔性财务战略管控的重要方面。传统的目标管理往往只关注财务目标的制定和跟踪，且目标设定后很少进行动态调整。在柔性管理的思想下，需要在目标设定和考核中更多地关注其他维度，如与市场和竞争对手的比较。目标设定应该具有挑战性，要求业务部门的绩效超出市场平均水平并超越竞争对手。此外，目标设定后需要灵活调整，不仅仅依赖于固定时间节点，还应根据市场变化和竞争环境的变化进行及时调整。此种灵活调整的目标管理既要关注财务目标，也应关注非财务目标，并具备更主动的战略敏感性。

为实现柔性的全面预算管理，可以思考以下措施。首先，预算编制应更加关注预算制定的动因，充分考虑业务实际和市场环境的变化。预算制定应基于实际需求和市场预测，结合业务发展战略进行适度调整。其次，预算管理需要灵活调整，不仅能在年度循环中进行调整，还能对市场发生重大事件、竞争格局变化等及时进行调整。最后，应加强预算与实际情况的对比和分析，及时发现偏差并进行调整，以保持预算的准确性和有效性。

柔性管理在财务战略管控中的应用是为了打破刚性的管理模式，提高财务部门的灵活性和适应性。通过灵活的绩效目标管理和全面的预算管理，可以更好地根据市场需求和竞争环境调整战略目标和资源配置，提高企业的战略敏感性和应变能力。这种柔性的财务管理模式能够更好地适应变化的市场环境，实现资源的优化配置和财务管理的高效运作。

（六）柔性的财务共享运营

财务共享服务中心的传统运营模式强调制度约束和标准化作业，以规模效应为基础，追求成本优势和效率提升。然而，随着企业对财务共享服务中心的要求不断提高，管理者们也开始寻求更多的灵活性来适应多样化和复杂

第六章　财务智能化建设

化的业务场景。

为了满足这些需求,财务共享服务中心需要转变传统的刚性运营模式,向更灵活的方式靠拢。这可以通过以下方法来实现。

(1)强调灵活性:管理者需要推动组织文化的变革,鼓励员工接受变化并适应新的业务需求。灵活性应成为整个财务共享服务中心的核心价值观,以便更好地应对变化和挑战。

(2)多样化的业务支持:财务共享服务中心需要扩展其能力范围,以提供更多样化的业务支持。这包括培训员工以适应不同类型的任务和工作流程,从而增强他们的专业知识和技能。

(3)敏捷项目管理:引入敏捷项目管理方法,以在快速变化的业务环境中更好地满足客户需求。这将促使团队更加灵活地应对需求变更,并加强与业务部门之间的沟通与协作。

(4)技术支持和自动化:利用新技术,如人工智能和自动化工具,来提高财务共享服务中心的运作效率和准确性。这将减少重复性任务的人工干预,使员工可以更多地专注于高级财务分析和决策支持等价值创造活动。

随着企业对财务共享服务中心的要求不断提高,传统的刚性运营模式已经无法完全满足管理者和业务部门的期望。通过强调灵活性、多样化的业务支持、敏捷项目管理和技术支持,财务共享服务中心可以转变为更具适应性和灵活性的运营模式,以满足日益变化的业务需求,从而实现更高效、更有价值的财务服务。

(七)柔性的财务信息系统

在财务信息系统的架构设计中应充分考虑产品化的思路。有些公司认为自身业务并不复杂,认为没有必要构建可配置化的产品化系统,而仅仅通过编写代码来完成规则和流程。然而事实上,这些公司在一开始就给自己套上了沉重的刚性枷锁。许多公司是在迅速发展和膨胀之后才发现自己的现有系统无法满足需求,此时除非从头开始重新建设系统,否则很难找到更好的解决方案。

在财务管理中,构建柔性的财务信息系统对于公司的发展至关重要。改变信息系统建设的思维和节奏，进行规划和架构设计，以及考虑产品化的思路，都是促进财务信息系统柔性化的关键措施。通过打破刚性束缚，构建柔性的财务信息系统，公司能够更好地适应业务需求的变化，提高财务管理的灵活性和效率。这不仅可以帮助公司应对不断变化的市场环境，还可以为未来的发展提供强有力的支持。

第四节　智能财务的整体建设思路与方案

一、智能财务团队建设

（一）智能财务团队核心职责

在高校财务管理领域，财务智能化的发展为财务部门提供了新的机遇和挑战。在这种背景下，财务智能化岗位应该扮演重要的角色。根据提供的材料，财务智能化岗位应具备以下职责和使命。

首先，负责高校财务对新兴技术的研究。财务智能化岗位需要持续关注最新的科技趋势和新兴技术，并深入探索这些技术在高校财务管理领域的可行性应用场景。通过研究和了解新技术，财务智能化团队可以为高校财务部门提供新的思路和解决方案，推动财务工作的创新。

其次，作为业务部门和软件供应商之间的桥梁。财务智能化团队需要与业务部门和软件供应商紧密合作，根据财务业务需求推进智能化业务的需求分析、设计和实施工作。他们要准确把握财务业务的需求，了解软件供应商的技术能力，并协调推动智能化业务的需求落地。通过有效的沟通和协作，财务智能化团队可以确保智能化业务能够满足财务部门的需求，提高财务管理的效率和准确性。

第六章　财务智能化建设

最后，积极应用新技术推动财务自动化处理能力的提升。财务智能化团队需要积极探索和应用新技术，推动财务管理工作的自动化和智能化。他们可以通过引入自动化流程、机器学习和大数据分析等技术手段，提升财务部门的工作效能和准确性。财务智能化团队在财务管理工作中应用新技术，有助于财务部门更好地适应时代发展的需求，提高工作效率和水平。

（二）智能财务团队能力体系

首先，具备创新能力是至关重要的。随着智能时代的不断发展，如何将新技术运用到财务管理中是一个具有挑战性的问题。财务智能化团队需要有敏锐的洞察力，能够将新技术与财务管理实际联系起来，创造性地将其加以运用。例如，区块链和大数据等新技术，团队需要明确它们可以应用于财务管理的哪些场景，这需要团队有创新思维和能力。

其次，积极的执行力和良好的沟通能力是必备的。财务智能化团队的目标是优化和提升现有财务管理的工作方式。为了实现这一目标，团队需要展现强大的执行力，确保财务人员接受新技术，并将其落地于业务系统和财务系统中。这需要团队积极主动地与各个部门进行沟通和协调，获得他们的配合和认可，共同推动智能化的进程。

最后，具备大数据处理和分析能力至关重要。大数据是人工智能技术的核心和基础，对财务人员来说，数据处理和分析能力是核心能力。财务智能化团队应具备将大数据理论和分析技术应用于各类财务数据的收集和分析的能力，熟悉财务数据的预处理、统计与计算、数据管理等基本技能。

总而言之，财务智能化团队需要具备扎实的财务和计算机知识、创新能力、积极的执行力和沟通能力，以及大数据处理和分析能力。这些能力的提升将有助于财务团队应对智能化时代的挑战，并推动财务管理向更高水平迈进。

（三）智能财务团队建设

财务人员的培养和引进在推动财务机器人与人工智能的融合发展中起着

重要的作用。为了适应时代的要求，需要采取一系列措施来培养业务骨干和引入具有综合能力和创造力的杰出人才。

此外，鼓励快速学习和终身学习也是至关重要的。除了参加公司或高校组织的培训，财务人员还应该自觉利用互联网资源进行专题学习，提升自身能力。例如，参与在线课程、阅读相关书籍和论文、加入行业论坛等，以不断扩展知识面和保持学习的动力。财务人员应将创新作为一门学问来深入研究，并不断追求新的解决方案和技术应用，以不断提高自身在数字化时代下的竞争力。

综上所述，积极培养现有业务骨干和引入具有综合能力和创造力的杰出人才是促进财务机器人与人工智能发展的重要举措。通过建立完善的培训体系，不断提升财务人员的能力和技术水平，并引入跨领域的杰出人才，将有助于推动财务领域向数字化、智能化方向迈进，为企业的发展和创新注入新动力。

二、智能财务建设的总体思路

智能财务建设是财务领域的一场重大变革，是新技术运用推动的财务管理变革，不仅涉及创新型智能财务平台的建设，更重要的是要在智能财务平台的支持下实现财务转型，构建新型财务管理模式。

下面将以中国烟草总公司云南省公司为例，探讨智能财务平台的建设思路和新型财务管理模式的构建思路。中国烟草总公司，以下简称"总公司"；中国烟草总公司云南省公司，以下简称"省公司"；中国烟草总公司云南省公司及其下属单位，以下简称"云南烟草商业"。

（一）智能财务建设的定位

为满足财务工作提升需要、企业数字化转型需要和行业高质量发展落实要求，云南烟草商业于2019年1月起开始探索智能财务建设，将其作为企业

第六章　财务智能化建设

整体数字化建设的重要组成部分和首要突破口，旨在助力财务转型、新型财务管理模式构建的同时，推动企业整体数字化的发展进程，并通过财务管理水平的提升带动企业整体管理水平的全面提升。

（二）智能财务建设的目标

云南烟草商业智能财务建设旨在达成以下三个目标：财务层面，立足于业务驱动财务，借助智能财务会计共享平台，实现会计核算的标准化和自动化、资金结算的集中化和自动化、资产盘点和对账的自动化、税务计算和申报的自动化、会计档案管理的电子化和自动化，提升企业财务会计工作效率和信息质量，推动财务从核算型转向管理型；业务层面，立足于管理规范业务，借助智能管理会计共享平台，实现预算编制和分析的自动化、预算控制的前置化和自动化、成本归集和计算的自动化、项目管理的标准化和过程化、税务风险检测的智能化，以更好地支持业务开展、规范业务管理和强化过程控制，提升企业管控水平；管理层面，立足于数据驱动管理，借助大数据分析应用平台，通过建立多维分析模型和数据挖掘模型，实现服务业务经营、精细协同管理、辅助决策支持和全面风险评估，促进企业数字化转型升级，服务企业高质量发展。

（三）智能财务建设的原则

在云南烟草商业智能财务建设的过程中，需充分体现智能财务的五大特点，即全面共享、高效融合、深度协同、精细管理和力求智能，除此之外还需遵循以下四项原则。一是系统性原则。智能财务建设过程中，将会涉及智能财务共享平台和大数据分析应用平台的建设，与业务经营管理平台、大数据基础平台和外部交易管控平台的对接，以及需要对业务经营管理平台进行改造提升，有必要进行系统化规划设计。二是前瞻性原则。智能财务建设的整体规划设计和具体方案设计，应前瞻财务信息化发展趋势，基于智能财务研究和建设的现状与未来发展，面向企业高质量发展管理需要，对智能财务建设开展探索性研究。三是先进性原则。智能财务建设过程中，最能体现智能财务本质特色的是针对不同财务工作任务设计智能化应用场景，针对不同智能化应用场景探索新技术的匹配运用，这就要求精心设计智能化应用场景，且保证技术匹配运用的先进性。四是可行性原则。智能财务建设的整体规划设计和具体方案设计，应基于企业财务管理现状和实际工作需要进行，恰当选择和运用新技术，保证智能财务平台能够在软件实施商的配合和努力下顺畅落地运行，实现企业财务管理的数字化转型，促进企业管理整体的数字化转型。

（四）智能财务建设的内容

在云南烟草商业智能财务建设的过程中，聚焦智能财务平台的建设和新型财务管理模式的构建，主要包括流程设计、平台设计、组织规划和制度设计四项内容。其中，智能财务平台的建设，需要从业务流程梳理和优化出发，落脚于智能财务平台的开发和运用，以实现智能财务建设过程中的业务驱动财务、管理规范业务和数据驱动管理三个目标；新型财务管理模式的构建，通过财务组织重新架构、职责权限重新划分、财务岗位重新界定、财务人员改造提升、管理方式重新选择，借助智能财务平台和配套制度规定的保障，实现会计职能转型和管理会计落地。

三、智能财务平台的建设思路

（一）智能财务平台的总体架构

智能财务"提升财务工作"这一目标，体现为智能财务建设过程中的业务驱动财务、管理规范业务两个子目标，可通过智能财务共享平台的建设和运用来实现，包括智能财务会计共享平台和智能管理会计共享平台两个子平台。智能财务"更好地服务于业务工作和管理工作"这一目标，体现为智能财务建设过程中的数据驱动管理这一子目标，可通过大数据分析应用平台的

第六章　财务智能化建设

建设和运用来实现。

业务经营管理平台，主要涵盖支持企业日常生产经营管理的信息系统，包括企业业务管理方面的信息系统和基础管理方面的信息系统。通过业财管一体化对接，该平台接收智能财务共享平台传递过来的资金计划、预算等关键财务管控指标，遵循平台内部的基础管理规定（含规则和标准等），作为业务操作平台支持企业日常生产经营管理，作为数据采集平台向智能财务共享平台传递业务数据和管理数据（包括数字化的表单和电子化的文件附件），以完成后续财务会计工作和管理会计工作，同时接收智能财务共享平台反馈回来的财务处理状态和财务处理结果。

大数据分析应用平台，是基于大数据基础平台之上的分析应用平台，其分析应用的数据来源于大数据基础平台。该平台主要通过特定模型和先进算法，提供管理、业务、财务、风险等方面的主题分析，发现财务管理规律和生产经营管理规律，针对具体业务场景提供报表报告、灵活查询、预测预判、方案模拟和风险预警，在可视化展现的同时，将发现的两类经济规律分别反馈回智能财务共享平台和业务经营管理平台。

外部交易管控平台，反映了企业业务、财务和管理方面需要与企业外部对接的平台，包括总公司管控所需的信息系统和与第三方交易所需的信息系统。其中，总公司管控平台下发绩效指标和管控要求，要求企业进行相关数据报送，并将接收的行业数据向报送企业开放；与第三方交易平台之间，更多的是业务数据、业务单据、业务状态和资金状态等内容的传递。

（二）智能财务平台的建设重点

一是业务流程梳理，旨在改造优化业务流程。业务流程是指业财管一体化的流程。智能财务建设的过程是流程再造的过程，可通过流程梳理实现。流程梳理的基本思路是，首先梳理现有业务流程，其次优化现有业务流程，最后转换为智能财务共享模式下的业务流程（突出智能化场景设计和新技术匹配运用），并在智能财务建设和运营过程中持续优化。流程梳理过程中，可借助业财管一体化的流程图和蕴含丰富灵活信息的流程矩阵，来展现自上向下划分层级的、业财管一体化的企业业务流程全景图。业务流程节点是表单附件的载体，其梳理是表单附件梳理的基础。

二是表单附件梳理，旨在改进表单附件，实现表单附件的标准化、电子化和数字化。智能财务建设的重要目标之一，是通过业务驱动财务实现核算自动化，这就需要基于实际业务大类和业务细类，针对具体业务节点，对业务发生过程中产生的会计核算用表单及附件进行详细梳理，包括表单编码、表单名称、表单样式、表单数据项、数据项属性，以及表单对应的附件编码、附件名称、附件内容、附件样式和附件排序等细项。表单附件梳理，可为数据标准梳理和信息系统改造提供依据。

三是数据标准梳理，旨在调整或新建数据标准。智能财务建设为企业数据标准梳理提供了良好契机。数据标准梳理的根本目的是数出一门、数存一处和一数多用。数据标准梳理的基本思路是从最底层业务流程节点的表单中，以及正在使用的和未来可能使用的内部管理报表中抽取数据项，合并同类数据项，并对数据项的名称、含义、参考来源、使用维度等关键属性进行规范。数据标准梳理为信息系统对接提出内容要求、格式要求和方式要求。

四是信息系统梳理，旨在改造提升和新建信息系统。智能财务建设是信息系统再造的过程。一方面，需要引进财务共享运营管理平台、影像管理平台、电子会计档案管理系统等全新的智能财务共享专用信息系统；另一方面，需要改造提升与智能财务共享相关的业务系统、财务系统和管理系统，以解决智能财务建设过程中的系统对接问题和系统整体优化问题，从而实现文件附件的电子化和数字化、财务处理的自动化（含自动化稽核和凭证自动生成），以及电子会计档案归集的自动化。

五是模型算法梳理，旨在新建或优化模型算法。智能财务建设的另一重要目标是，通过数据驱动管理实现服务业务经营和辅助决策支持，这就需要根据实际问题、可得数据和备选方案，对大数据分析应用涉及的多维分析模型和数据挖掘模型以及相应算法进行梳理。模型算法梳理的目的是基于企业内部大数据（基础数据、业务数据、财务数据和管理数据）及企业外部大数据（行业数据、经济数据和环境数据等），实现业务、财务、管理方面的多维分析，以及针对典型业务场景的数据挖掘。

参考文献

[1]唐现杰，杨志勇，王兰，王春燕.财务管理[M].哈尔滨：哈尔滨工业大学出版社，2011.

[2]唐现杰，孙长江，徐晶.财务管理[M].北京：科学出版社，2007.

[3]唐现杰，孙长江，徐晶.财务管理：第2版[M].北京：科学出版社，2013.

[4]唐现杰，王积田，徐晶，陈旭.财务管理：第3版[M].北京：科学出版社，2018.

[5]汪新宇，董泽萱.基于区块链技术的财务共享中心优化研究[J].市场周刊，2022（8）：129-132.

[6]全文举.流程自动化（RPA）技术助力电力企业财务内控管理[J].财会学习，2019（15）：245-247.

[7]杨亚南.云计算背景下企业财务管理及会计信息化发展研究[J].质量与市场，2021（7）：55-56.

[8]刘艳君.探索数字经济时代企业财务管理转型[J].中国集体经济，2023（22）：121-124.

[9]张英明.决策导向之管理会计报告体系的构建及完善[J].方企业文化，2015（17）：346.

[10]李锐.民营企业管理会计报告体系构建与应用研究[J].企业科技与发展，2019（12）：155-157.

[11]陈丹.基于决策下管理会计报告体系的构建及优化[J].中国市场，2020（18）：159-160.

[12]韩向东.智能财务"未来已来"[J].新理财，2017（12）：52.

[13]熊玲.浅谈智能财务建设[J].时代财务体系，2018（21）：194-195.

[14]杨纪琬. 开发人才，开发智力，尽早实现我国会计电算化、信息化[J]. 会计研究，1985（4）：20-25.

[15]杜传忠，胡俊，陈维宜. 我国新一代人工智能产业发展模型与对策[J]. 经济纵横，2018（4）：41-47+2.

[16]傅元略. 数字经济下财务管理理论变革与财务智能体理论[J]. 财务与会计，2021（12）：8-12.

[17]康峰卓. 基于"区块链+智能物联网"技术引领企业财务变革[J]. 中国管理信息化，2020，23（14）：79-80.

[18]崔玉琼. 信息化人工智能时代下助力传统会计向管理会计的思维变革[J]. 今日财富，2020（5）：27-28.

[19]高建，汪剑飞，魏平. 企业技术创新绩效指标：现状、问题和新概念模型[J]. 科研管理，2004（S1）：14-22.

[20]李婉红，王帆. 智能化转型、成本粘性与企业绩效——基于传统制造企业的实证检验[J]. 科学学研究，2022，40（1）：91-102.

[21]王玉法，王莎，王团委. 财务共享服务实施与企业绩效关系研究——基于随机效应模型[J]. 会计之友，2019（21）：81-87.

[22]杨皖苏，杨善林. 中国情境下企业社会责任与财务绩效关系的实证研究——基于大、中小型上市公司的对比分析[J]. 中国管理科学，2016，24（1）：143-150.

[23]周仁俊，喻天舒，杨战兵. 公司治理激励机制与业绩评价[J]. 会计研究，2005（11）：26-31，96.

[24]周志刚，韩双，王一村. 供应链金融对核心企业EVA经营绩效的影响研究——基于家电行业的多案例[J]. 财会通讯，2022（2）：107-111.

[25]李睿，刘向伟. 谈经济增加值（EVA）与平衡计分卡（BSC）的整合[J]. 现代管理科学，2010（8）：108-110.

[26]刘运国，陈国菲. BSC与EVA相结合的企业绩效评价研究——基于GP企业集团的案例分析[J]. 会计研究，2007（9）：50-59，96.

[27]李闻一，于文杰，李菊花. 智能财务共享的选择、实现要素和路径[J]. 会计之友，2019（8）：115-121.

[28]张庆龙. 下一代财务：数字化与智能化[J]. 财会月刊，2020（10）：3-7.

参考文献

[29]许汉友,赵静. 财务共享推动企业高质量发展了吗[J]. 财会月刊,2022(20):34-43.

[30]杨寅,刘勤,黄虎,等. 智能财务共享服务中心运营管理研究[J]. 会计之友,2020(19):143-147.

[31]彭启发,王慧秋,王海兵. 会计人工智能存在的风险与对策研究[J]. 会计之友,2019(5):114-119.

[32]何瑛,周访,李娇. 中国企业集团实施财务共享服务有效性的实证研究——来自2004—2008年的经验数据[J]. 经济与管理研究,2013(8):57-65.